"

지금 그 일을 왜 하는가?
아침에 자리에서 왜 일어나는가?
그리고 그게 대체 왜 중요한가?

아침마다 오늘이 왜 중요한지
매일 매일이 왜 중요한지
분명히 알면서 잠을 깨는 것은
삶의 가장 큰 기쁨 중 하나다.
'왜?'를 찾는 것은 바로 그런 의미다.

바로 거기서부터
영감을 주는 여행,
당신의 '왜?'를 찾는 여정이 시작된다.

"

나는 왜 이 일을 하는가 2

FIND
YOUR
당신만의 why를 찾아라
WHY

나는 왜 이 일을 하는가 2

사이먼 사이넥·데이비드 미드·피터 도커 지음 | 이지연 옮김

마일스톤

다시, 가슴 뛰는 아침을 맞고 싶은 당신에게

전 세계 기업들과 작업을 하다 보면 거의 매번 듣는 이야기가 하나 있다. '유례없는 변화의 시기에 들어섰다'는 말이다.

업계나 분야를 막론하고 우리는 그 어느 때보다 큰 변화 앞에 서 있다. 그리고 이 변화에서 살아남기 위해 강력한 '적응과 진화'를 요구받고 있다. 세계 그 어떤 곳보다 속도가 빠르고, 적극적으로 변화를 이끄는 나라에 사는 한국 사람들은 특히 그렇게 느낄 것이다.

'변화에 면해 있다'는 것은 우리를 둘러싼 환경이나 정치·경제적인 상황, 특정 기업 혹은 부서만의 이야기는 아니다. 개인 한 명 한 명에게도 해당되는, 너무나 절실한 이야기다.

살면서 우리는 종종 삶의 방향을 바꾸는 큰 변화에 직면한다. 직장을 새로 얻거나, 가족이 늘거나, 혹은 전혀 예기치 못했던 사건이 미래를 바꿔놓기도 한다. 이러한 변화 속에서 현명한 선택을 해야만 나의 인생을, 나의 비즈니스를 원하는 방향으로 이끌 수 있다.

우리는 《나는 왜 이 일을 하는가?》에서 나만의 '왜?'를 발견하면 어떤 상황에서든 명확한 근거를 가지고 선택할 수 있으며, 그 선택으로 인해 열정 넘치는 삶을 살 수 있다고 말한 바 있다. '왜?'는 늘 그 자리에 변함없이 있는 '상수'로서 나의 신념과 내면의 목소리에 따라 살 수 있게 앞길을 비춰준다.

'왜?'를 알면 개인으로서 또는 기업이나 공동체로서 내려야 할 수많은 선택을 단순화시킬 수 있다. '왜?'에 따른 자연스러운 선택은 고객 혹은 주변 사람들에게 긍정적인 영향을 미치며, 때로는 신뢰와 충성심을 유발한다. 심지어 '왜?'에 충실한 선택을 계속한다면 이런 좋은 평가가 쌓이고 널리 퍼져, 내가 알지 못하는 누군가에게 큰 영감을 주기도 한다. 이 책은 이렇게 우리 인생의 등불이 되어줄 '왜?'를 찾아 누구나 공감할 수 있는 언어로 표현하는 과정을 담고 있다.

'스타트 위드 와이start with why' 팀은 당신이 속한 조직이나 나라, 환경에 상관없이 매일 아침 의욕에 차서 잠을 깨고, 직장에서 불안해하지 않고, 하루를 마칠 때 성취감을 느낄 수 있기를 바란다. 이 비전을 실천하는 긴 여정에 합류해주신 것에 감사드린다.

탁월한 한국 기업, 훌륭한 한국의 비즈니스맨들이 전 세계에서 활약하고 있다. 그들이 변화의 파도에서 중심을 잡고 앞으로 나아갈 수 있도록, 더욱 영감 넘치는 일을 해낼 수 있도록 《나는 왜 이 일을 하는가? 2》가 좋은 가이드가 되기를 진심으로 바란다.

차례

골든 서클을 실제 일과 삶에
적용하고 싶다면

일에서 느끼는 성취감은 "나는 내 일을 사랑해"라고 말하는 운 좋은 몇몇 사람에게만 허락된 감정이 아니다. 누구나 자신이 하는 일에서 성취감을 느낄 '권리'가 있다. 출근하고 싶다는 기분으로 잠에서 깨어나고, 직장에 있는 것이 즐겁고, 나 자신보다 더 큰 무언가에 기여했다는 뿌듯함을 느끼며 퇴근할 권리 말이다.

'왜?'라는 개념은 지극히 개인적인 여정에서 출발했다. 나는 일에 대한 열정을 깡그리 상실했을 때 '왜?'라는 아이디어를 발견했다. 사람들의 조언도 도움이 되지 않던 때였다.

"네가 좋아하는 일을 해.", "네 행복을 찾아.", "열정을 가져봐."라는 조언에 나는 고개를 끄덕였다. 하지만 곧 의문에 휩싸였다.

'모두 맞는 말이야. 그런데 당장 월요일에 무엇을, 어떻게 다르게 해야 하는 거지?'

나는 대체 당장 무엇을, 어떻게 바꿔야 할지 알 수 없었다.

'왜?'가 내 인생의 근원적인 추진력으로 자리 잡고, 지금까지도 그 힘을 이어오고 있는 것은 그때의 경험 때문이다. '왜?'를 발견하면서 나는 열정을 되찾았을 뿐만 아니라 더 좋은 의사결정을 내릴 수 있는 필터를 얻었다. '왜?'라는 새로운 렌즈를 통해 세상을 달리 보게 됐다. 출근 시간이 괴로운 다른 이들도 나와 같은 경험을 하길 바랐다. 그래서 나는 나에게 새로운 세계를 선물한 '왜?'와 골든 서클의 개념을 전파하기 시작했다.

나는 사람들이 스스로 의욕을 느끼는 일을 할 수 있게 용기를 불어넣어 우리가 사는 세상을 바꾸고 싶었다. 2009년 내가 나섰던 TED 강연을 계기로 '왜?'는 더 많은 사람들에게 확산되었고, 나의 첫 번째 책《나는 왜 이 일을 하는가?》는 '왜?'의 설득력에 깊이를 더했다.

자신의 '왜?'를 아는 기업이나 개인은 더 오래, 더 큰 성공을 누릴 수 있다. 직원과 고객으로부터 더 큰 신뢰와 충성심을 얻고, 경쟁자들보다 먼저 앞을 내다보며 더 혁신적으로 일한다. 그렇게 '왜?'와 골든 서클의 개념은 내가 상상했던 세상을 발전시킬 수 있는 거대한 하나의 퍼즐 조각이 되었다. 그런데 문제가 있었다.

나는 '왜?'의 존재와 그 영향력에 관해서는 얼마든지 설명할 수 있고 또 일부 사람이나 조직이 '왜?'를 발견하게끔 도울 수는 있었지만, 내가 돕거나 접근할 수 있는 사람의 범위는 한정적이었다. 때문에 아주 많은 사람들의 삶에 영향을 미치기는 힘들었다. 그래서 나는 내가 시작한 일을 바탕으로 팀을 구성했다. 우리 팀은 내가 만든 프로세스를 더 훌륭하게 다듬어가며 사람들을 돕기 시작했다. 사람들이 자신의 '왜?'를 발견할 수 있게 온라인 과정까지 만들었다. 하지만 그것으로도 충분하지 않았다.

그래서 나온 것이 이 책이다. 《나는 왜 이 일을 하는가?》가 '왜?'의 개념을 설명했다면, 이 책은 그와 더불어 실제로 어떻게 하면 되는지를 단계별로 알려준다. 이 책의 공동 저자인 피터 도커와 데이비드 미드가 그 과정을 함께 이끌 것이다.

데이비드는 일을 추진하는 요령을 아는 사람이다. 수년 전에 내 강연을 듣고 깨닫는 바가 있었던 데이비드는 당시 회사 동료들을 위해 직접 실습서를 개발하고 훈련 프로그램까지 만들었다. 나를 비롯해 그 누구에게도 도움을 청하지 않고 직접 해낸 일이었다. 그의 활약상을 전해들은 나는 데이비드가 내 생각을 그토록 깊이 이해한 것에 놀랐고 그의 응용 능력에 감탄했다.

피터는 영국 공군에서 은퇴한 후 민간 부문에서 일하기를 바랐다. 피터가 연락을 해온 것은 그저 나의 작업들을 접하고 큰 감명을 받았다는 얘기를 전하고 싶어서였다. 피터는 당시 그가 하고 있던 일에 내 아이디어를 결합해서 효과를 배가시키고 있었다. 나와 만남을 가진 후 피터는 그저 선의에서 우리 팀원들을 도와주려고 멘토링을 시작했다. 그러나 그 아이디어는 단지 우리 팀에만 적용하기 아까운 것이었다. 때문에 우리는 그의 아이디어들을 활용해 회사를 세우고 이 운동을 키워나가자고 설득했다.

천재적인 두 사람의 아이디어가 합쳐져 내 작업들은 더 훌륭해질 수 있었다. 그래서《나는 왜 이 일을 하는가?》의 후속작을 쓸 기회가 생겼을 때 나는 데이비드와 피터에게 도움을 청했다. 내 '왜?'의 '어떻게?'가 두 사람이었기에 당연한 일이었다.

피터와 데이비드는 전 세계를 돌며 '왜?' 강연에 나섰고, 여러 개인 및 조직들과 밀접히 협업하며 '왜?'의 개념을 이해하고, 발견하고, 활용할 수 있게 도왔다. 두 사람은 많은 질문을 받았다. 때로는 장애물도 만났다. 그 과정에서 우리의 비전을 발전시킬 점점 더 좋은 방법들을 찾아냈고, 모든 시행착오와 유의미한 결과들이 모여 이렇게 독자들을 다시 찾을 수 있게 되었다.

비즈니스 세계가 운영되는 방식을 근본적으로 바꾸고, 신뢰와 협동이 일상이 되는 기업 문화를 만들고, 사명감 넘치는 사람들로 가득한 세상을 만들려면 우리에게는 도움이 필요하다. 우리 팀이 하고 있는 작업들도 세상에 작은 발자국을 내고는 있지만, 그것만으로는 필요한 변화를 만들어낼 수 없다. 여기에는 대대적인 힘과 노력이 필요하다.

그래서 우리는 이 책을 썼다. 누구라도 자신의 '왜?'를 발견하고 한마디로 표현하는 데 필요한 모든 것을 책 한 권에 넣었다. 책에는 독자들이 그때그때 메모를 하며 따라갈 수 있게 충분한 여백을 두었다. 책을 읽으면서 열심히 빈칸을 채우고, 모서리를 접고, 밑줄을 치기 바란다. 애지중지 아껴둘 필요가 없다.

이 책은 긴 여정이다. 책 속에서 이야기하고 있는 내용을 모두 내 것으로 만들려면 노력과 인내가 필요할 것이다. 그래서 우리는 가능한 모든 과정을 친절히, 자세히 쓰기 위해 노력했다. 물론 이 책에서 제시하는 과정이 정답은 아니다. 개념을 배우되, 나만의 프로세스를 만들기 위해서는 얼마든지 수정을 가해도 좋다. 나에게 더 잘 맞겠다고 생각되는 방법이 있으면 그 길을 따르길 바란다.

책을 펴는 순간 당신만의 '왜?'를 찾기 위한 레이스가 시작될 것이다. 흥분과 에너지가 차오르면서 힘차게 출발할 의지가 솟아오르지 않는가? 나의 '왜?'를 발견하고 그에 따라 사는 법을 알고 나면, 내가 뭘 할 수 있는 사람인지 길이 보이고 더욱 힘이 날 것이다. 무기력하게 하루하루 버티는 일상에서 벗어나 자신감 넘치고 하루가 기대되는 아침을 맞이할 수 있다.

우리의 목표는 단순히 나만의 경기를 마치는 것이 아니라, 더 많은 사람이 이 레이스에 동참하도록 하는 것임을 잊지 말자. 나 하나가 아닌 팀과 조직 전체가 '왜?'를 알고 일할 때 그곳은 긍정적인 에너지가 넘치고 누구나 함께하고 싶은 곳이 될 것이다. 이 책을 읽고 강력한 동기부여를 받았다면, 당신의 생각을 주변에 퍼트리길 바란다.

대다수 사람들이 출근하고 싶다는 의욕으로 잠을 깨고, 직장에 가면 불안하지 않고, 오늘 한 일에 대해 성취감을 느끼며 집으로 돌아갈 수 있는 세상은 꿈이 아니다. 이 책을 통해 그런 세상이 좀 더 앞당겨지길 바란다.

사이먼 사이넥

프롤로그

누구나 자신만의 '왜?'를 가지고 있다

우리 일은 출장이 잦다. 때로는 비행기 위까지 일이 따라올 때도 있다. 그날 피터가 겪은 일이 바로 그랬다. 피터는 마이애미에서 세인트루이스로 가는 비행기를 타고 있었다. 그의 얘기를 들어보자.

단 세 번의 질문으로 '왜?'를 찾은 스티브의 이야기

나는 기진맥진이었다. 머릿속으로는 그저 얼른 목적지에 도착했으면 하는 생각뿐이었다. 또 한 번 비행기를 갈아타고, 또 한 번 모르는 사람 옆에 앉고. 나는 옆에 앉을 사람이 부디 내 자리를 침범하지 않기를, 물리적으로나 말로나 제발 나를 방해하지 않기를 '비행기의 신령들'에게 기도했다.

내가 앞으로 4시간 동안 이어질 비행을 준비하고 있을 때쯤 누군가 내 옆에 와서 앉았다. 그리고 자신을 스티브라고 소개했다. 몇 마디 잡담이 오가고 스티브는 자신이 하는 일을 내게 털어놓기 시작했다. 그는 나를 재미있게 해주려고 음담패설을 하려는 것도, 가십을 늘어놓으려는 것도 아니었다. 단지 '일'에 대한 이야기를 하고 싶어 했다. 스티브는 23년간 철강을 팔았다고 했다. 철강, 나는 구미가 확 당겼다.

그런데 들어보니 스티브가 파는 철강은 그저 그런 흔한 철강이 아니었다. 스웨덴에 있는 그의 회사는 기계가 더 효율적으로 돌아갈 수 있게 부품(자동차 변속장치 같은 것)의 무게를 줄일 수 있는 특수한 형태의 순수 철강을 생산했다. 엔지니어인 스티브는 시장에 나와 있는 타 제품에 비해 자기네 제품이 우수하다는 사실을 개인적으로도 장담할 수 있다고 했다.

말을 마친 스티브는 기대에 찬 표정으로 나를 쳐다보았다. 철강에 관한 이야기를 계속 이어갈 수 있게 뭔가 질문을 해주기를 간절히 바라는 눈빛이었다. 문제는 스티브가 하는 일이 내게는 별로 중요하지 않았다는 점이다. 내가 냉담한 사람이라거나 사교성이 부족해서 그런 것이 아니다. 내가 흥미를 느끼는 것은 사람들이 '무슨 일'을 하느냐가 아니라, 그 일을 '왜 하느냐'이기 때문이었다. 나는 스티브를 쳐다보며 그 회사의 철강 가격이나 대형 거래처에 관해 묻는 대신에 이렇게 말했다.

"그래서요?"

스티브는 주춤했다. 내 질문의 뜻을 이해하지 못한 것 같았다.

나는 다시 물었다. "그 회사에서 파는 철강이 아주 순수하다는 건 알겠어요. 부품을 더 가볍게 만들어서 기계의 효율을 높일 수 있다는 점도 이해했고요. 하지만 그래서요?"

스티브는 웅얼거리더니 불쑥 이렇게 말했다.

"뭐, 원료도 아낄 수 있고요."

가까워지고 있었다. 나는 좀 더 밀어붙였다.

"그래서 뭐가 달라지나요?"

한동안 스티브는 금방이라도 부서져버릴 것만 표정이었다. 그는 그냥 잡담이나 좀 하려고 했던 것뿐이다. 그런데 이제 내 괴상한 질문에 말려들어서 앞으로 3시간동안 꼼짝도 못하게 생겼다. 하지만 우리는 대화를 계속 이어갔고, 나는 그가 답을 찾을 수 있게 도왔다.

알고 보니 철강이 그렇게 순수하면 적은 원료로도 튼튼한 부품을 만들 수 있었다. 원료를 덜 쓴다는 말은 제련(광석에서 금속을 추출하는 과정)도 덜 필요하고, 철강 생산에 에너지도 덜 쓰게 되니 환경오염이 줄어든다는 뜻이었다. 이 철강을 이용해 자동차 같은 기계를 생산하더라도 마찬가지다. 자동차가 더 가벼워지니 연료를 덜 사용하고 오염 물질도 적게 배출된다. 뿐만 아니라 철강이 순수할수록 재활용도 더 쉬웠다.

실제로 이런 것들은 흥미로운 내용이었지만, 스티브가 왜 그의 일에 그토록 열정적인지에 대한 답은 아니었다.

"연료를 절약하고, 환경을 보호하는 건 좋은 일이죠. 하지만 당신이 이 일을 23년이나 하게 된 데는 다른 요인이 분명히 더 있을 거예요. 좀 더 많은 게 걸린, 당신이 정말로 믿고 있는 그 무언가 말입니다."

한 가지 일을 23년이나 하면서도 이토록 뜨거운 열정을 유지하기는 매우 어렵다는 것을 나는 알고 있었다.

나는 계속해서 스티브를 자극했다. 그리고 드디어, 스티브의 두 눈에 환하게 불이 켜지는 것을 보았다. 그는 감격스러워 하고 있었다.

스티브는 자녀들과 미래 세대를 위해 지구를 건강하게 지키고 싶었다. 그 방법 중 하나가 지구의 풍부한 자원을 좀 더 책임감 있게 사용하는 것이었다. 이 점을 직접 언급하지는 않았지만, 애초에 그가 비행기에서 만난 낯선 사람에게 순수 철강에 관해 그 많은 이야기를 늘어놓은 것은 가슴 속에서 불타는 이 사명감 때문이었다.

"좋아요 스티브, 당신과 당신의 회사가 하고 있는 일을 이렇게 설명하면 어떨까요?"

나는 마치 스티브가 된 것처럼 이야기를 시작했다.

"우리는 아이들에게 건강하고 안전한 지구를 물려줘야 하기에, 천연자원을 책임감 있게 사용해야 합니다. 그래서 저는 엔지니어가 되었고 지금의 회사에 들어왔습니다. 우리 회사는 지속가능성을 중시하는 나라, 스웨덴에 위치하고 있습니다. 우리는 엔지니어들이 더 가

법고 효율적이고 친환경적인 제품을 만들 수 있게 하는 방법을 개발했습니다. 지속가능성을 위해 우리 회사가 선택한 방법은 '경량 철강'입니다."

스티브는 환하게 웃었다.

"제가 이 일을 사랑하는 이유를 제대로 표현해주셨네요!"

나는 그저 '스티브가 이 일을 왜 사랑하는지'로 시작하는 회사 소개를 들려주었을 뿐이다. 하지만 이를 통해 스티브는 자신이 20년 넘게 같은 일을 하면서도 성취감을 느끼는 이유를 알아냈다. 그것은 자신이 하는 '무엇을' 때문이 아니었다. 그에게 끝없는 의욕을 불러일으키는 것은 그 일을 '왜 하느냐'였다. 스티브는 자신의 일을 '목적의식'과 연결시킴으로써 그의 '왜?'를 발견할 수 있었다.

누구도 아무 의미나 목적 없이 매일 출근하지 않는다. 누구도 이유 없이 시간과 돈을 쓰지 않는다. 우리의 모든 행동과 말에는 '왜?'가 있다.

'왜?'란 우리의 열정과 영감의 원천이 되는, 저 깊숙한 곳에 자리한 목적, 대의 또는 신념이다.

아직은 나의 '왜?'가 무엇인지, 어떻게 말로 표현해야 하는지 모를 수도 있다. 하지만 장담하건대 당신에게도 분명히 '왜?'가 있다. 비행기에서 우연히 피터를 만날 날까지 기다리지 않고 나의 '왜?'를 찾고 싶다면 이 책이 도움이 될 것이다.

" 비전은

크게 소리 내어 말할 때에만 실천할 수 있다.

혼자서만 간직하면 그것은 한낱 상상에 불과하다. "

Your vision is only actionable
if you say it out loud.
If you keep it to yourself,
it will remain a figment
of your imagination.

우리는 누구나가 스티브처럼 살 권리가 있다고 생각한다. 출근하고 싶다는 기분으로 잠에서 깨고, 하루를 마치면 내 일에 성취감을 느끼며 집으로 돌아와야 한다고 생각한다.

성취감과 행복은 동의어가 아니다. 직장에서 우리가 행복을 느낄 수 있는 요소는 많다. 목표치 달성, 승진, 새 고객 확보, 프로젝트 완료 등등 끝이 없다. 하지만 이로 인해 느끼는 행복이라는 감정은 일시적이다. 열두 달 전에 목표치를 달성한 기억을 가지고 지금 기운이 펄펄 넘치는 사람은 없을 것이다. 행복의 강렬한 느낌은 시간과 함께 사라지며, 오랜 시간 지속되지 않는다.

성취감은 그보다 깊은 차원이다. 행복과 성취감의 차이는 무언가를 좋아하는 것과 사랑하는 것 사이의 차이와 같다. 예를 들어 우리는 자녀를 언제나 꼭 '좋아'하는 것은 아닐지라도 늘 자녀를 '사랑'한다.

우리는 매일 일에서 행복을 발견하기는 어렵지만, 눈앞의 이익이나 목표와 별개로 대의를 이루는 데에 일조했다고 느낀다면 성취감을 느낄 수 있다. 지위나 보수 같은 전형적 기준이 곧 일에 대한 애정, 성취감과 직결되지 않는다는 것을 우리는 이미 너무나 잘 알고 있다. 성취감은 내 일이 나의 '왜?'와 직접적으로 연관될 때에만 느낄 수 있기 때문이다.

철강회사에 다니는 스티브는 계약을 따내면 '행복'을 느낀다. 하지만 그가 '성취감'을 느끼는 것은 그보다 더 고차원적이고 큰 의의를 가진 '대의'에 기여하고 있음을 알기 때문이다. 행복은 내가 '무엇을'

하느냐로부터 나온다. 그러나 성취감은 내가 그 일을 '왜' 하는가로 부터 나온다.

스티브는 운 좋은 사람이다. 그는 피터를 만나 대화를 해보기 전까지는 자신의 '왜?'를 말로 또박또박 표현할 수는 없었다. 그럼에도 불구하고 그는 수십 년간 자신의 '왜?'에 따라 살았고 그 결과 의욕과 성취감을 느낄 수 있었다.

그런데 만약 스웨덴의 그 철강회사가 더 큰 회사에 인수되어 스티브가 해고됐다면 어땠을까? 만약 스티브가 자신의 '왜?'를 모르는 채로 새로운 직업을 찾아야 했다면?

그간 일한 경험을 바탕으로 그는 아마도 철강을 파는 또 다른 회사에 취업하려 했을 것이다. 하지만 새로 들어간 회사가 지속가능성을 중시하지 않는 곳이라면, 스티브의 일하는 목적은 사라지고 말 것이다. 어쩌면 그렇게 스티브는 영영 퍼즐을 맞추지 못한 채로 성취감 없는 일에 평생을 바쳐야 할지도 모른다. 일에 대한 그의 열정이 실은 처음부터 철강이라는 업종과는 아무런 관련이 없었다는 사실을 모른 채 말이다.

일에 대해 끝없는 열정을 느끼고 싶다면, 나 자신보다 더 큰 무언가에 기여하고 있다는 기분을 느끼고 싶다면, 누구나 자신의 '왜?'를 알아야 한다.

이 책에는 우리 팀이 지난 25년간 '왜?' 발견 과정을 진행하며 축적한 경험이 농축되어 있다. 기업가, 직원 개인, 자영업자, 대기업 소속 팀 등 우리가 '왜?'를 찾게끔 도와주었던 사람들은 아주 다양하다. 이 책의 7장까지 내용을 요약하면 다음과 같다.

- 1장은 '왜?'의 개념을 대중화시킨 사이먼 사이넥의 저서《나는 왜 이 일을 하는가?》를 고도로 압축해놓은 요약본이다. 나의 '왜?'를 아는 것이 어떤 측면에서 도움이 되는지 깨달을 수 있다.
- 2장은 '왜?'를 발견하는 전체 과정을 개관한다. 혼자서 진행하든 팀을 이루어 진행하든, 2장은 꼭 읽어보기를 권한다.
- 3장은 개인의 '왜?'를 찾는 과정이 단계별로 안내된다. 팀 전체나 회사의 '왜?'를 찾기 위해 이 책을 이용하는 사람도 3장을 통해 나의 '왜?'를 먼저 알아본다면 그룹의 '왜?' 발견 과정을 리드할 때 도움이 될 것이다.
- 4장은 팀이나 회사 혹은 함께 일하기 위해 뭉친 집단의 '왜?' 발견을 본격적으로 시작하기 전에 준비할 것들에 대해 담겨 있다.
- 5장은 4장에 이어 집단 전체의 '왜?' 발견 과정을 이끄는 법을 소개한다.
- 6장은 '왜?'를 실천하는 데 필요한 우리의 행동, 즉 '어떻게'를 집중적으로 다룬다. '왜?'가 목적지라면 '어떻게'는 목적지에 도달하기 위해 밟아가는 경로라고 이해하면 좋겠다.
- 7장은 '왜?'를 남들과 공유하는 방법과 '왜?'를 실천하며 그에 따라 사는 법을 설명한다.

• 부록에는 우리가 워크숍을 진행하며 가장 자주 받은 질문에 대한 답과 직접 워크숍을 운영할 때 참조할 만한 '커닝 페이퍼'를 실었다.

'왜?'를 찾는 과정에서 가장 예측하기 어려운 것 중 하나가 전체 과정에 소요될 시간이다. 3장에서 5장까지 개인 및 집단을 위한 '왜?' 발견 과정을 안내하면서 우리는 각 단계에 걸릴 시간을 대략적으로 추정해두었다. 하지만 이 숫자들은 경험을 바탕으로 한 평균에 불과하다. 빠르게 과정이 진행되는 사람들도 있을 테고, 좀 느린 사람도 있을 것이다. 정해진 시간은 없다. 중요한 것은 다음 단계로 옮겨가도 되겠다는 자신감이 생길 때까지 각 섹션 혹은 단계를 지속하는 것이다.

솔직히 당신이 1장으로 넘어갈 것을 생각하니 약간은 샘이 난다. 우리는 사람들이 자신의 '왜?'를 찾도록 도와주는 이 일을 사랑한다. 심지어 그 장소에 여러분 한 명 한 명과 함께 있고 싶은 심정이다.
대신에 이제 모험을 시작할 여러분 옆에 우리는 가상의 안내자로 함께 하겠다. 함께 달려보자!

1장

'왜?'로 시작하면 결과가 다르다

당신의 일, 조직, 회사를 바꿀 단 하나의 질문

FIND
YOUR
WHY

· · ·

　수월하겠거니 생각했던 프로젝트가 실망을 안겨주거나 참사로 끝날 때가 있다. 어떤 때는 어느 모로 보나 망했어야 할 사업이 눈부신 성공을 거두기도 한다. 미스터리처럼 보이는 이런 일들도 '왜?'로 시작하는 프레임을 통해서 보면 결코 그렇지가 않다.

　《나는 왜 이 일을 하는가?》에서 사이먼 사이넥은 스티브 잡스나 마틴 루터 킹 주니어, 라이트 형제 같은 전설적 리더들을 언급하면서, 똑같이 똑똑하고 열심히 일하고 때로는 자금까지 더 풍부한 사람들조차 해내지 못한 일을 이 전설들은 어떻게 해냈는지 '골든 서클'이라는 개념을 도입해 설명했다.

　사이먼의 책을 읽었거나 TED.com에서 '왜?'에 관한 그의 강연 (http://bit.ly/GoldenCircleTalk)을 본 사람이라면 골든 서클의 개념이 이미 익숙할 것이다. 이번 장에서는 그와 관련해 아주 중요한 내용들을 되짚어보려고 한다. 혹시 골든 서클을 처음 들어보는 독자라면 이 장에서 다루는 내용이 당신의 '왜?'를 찾는데 가장 중요한 준비 과정이라고 보면 된다.

　　다음 그림과 같이 모든 조직의 활동이나 개인의 커리어는 3가지 수준에서 움직인다. '무엇을'을 하는가, '어떻게' 하는가, '왜' 하는가가 각각 그것이다. '무엇을' 하는지는 모르는 사람이 없다. 내가 파는 물건, 제공하는 서비스, 내가 매일 하는 일이 바로 '무엇을'이다.

　　일부 사람은 '어떻게'도 안다. 나를 남들과 다르게 만들어주는 것, 수많은 사람 속에서 나를 돋보이게 해주는 것이 바로 '어떻게'다.

　　하지만 내가 이 일을 '왜' 하는지 똑똑히 말로 표현할 수 있는 사람은 아주 적다.

"잠깐만요, 우리 좀 솔직해집시다. 어차피 다들 돈 벌려고 일하는 거 아닌가요? 그거야말로 확실한 '왜?'죠."

이렇게 답하고 싶은가?

그러나 돈은 결과다. 오직 돈 때문에 아침에 일어나는 사람은 없다. 그리고 혹시나 정말로 스스로가 혹은 남들이, 돈 때문에 아침에 일어난다고 생각하는 냉소적인 사람이 있을까봐 하는 말인데, 지금 우리가 묻고 있는 것은 '그 사람이 돈을 갖고 싶은 이유가 무엇인가' 하는 점이다. 자유를 위해? 여행을 가려고? 자녀를 지금과는 다르게 살게 해주려고? 돈을 점수 삼아서 남들보다 잘 살았다고 말하려고? 그러니까 내 말은 사람을 움직이게 하는 것은 돈 그 자체가 아니라는 얘기다.

'왜?'는 나에게 동기를 부여하고 의욕을 불어넣는 게 뭔지 훨씬 더 깊이 이해하고 있다. 모든 조직의 활동이나 개인의 커리어를 움직이는 것은 목적, 대의 또는 신념이다. 우리 회사는 '왜' 존재하는가? 오늘 아침 나는 '왜' 자리에서 일어났는가? 그리고 그게 대체 '왜' 중요한가?

새로운 고객이나 의뢰인을 만나면 우리는 가장 먼저 내가 '무엇을' 하는 사람인지 얘기한다. 그 다음에는 내가 그 일을 '어떻게' 하고, '어떻게' 남들과는 다른지 설명한다. 우리는 그 정도면 충분히 사업을 따낼 수 있다고 생각한다. 상대의 시각을 뒤흔들고, 그가 특정한 행동을 하도록 설득하기에 충분하다고 생각한다. 그래서 흔히 다음과 같이 말한다.

'저희는 종이를 팝니다. 최상급 제품을 더없이 좋은 가격으로 제공합니다. 그 어느 경쟁사보다 낮은 가격입니다. 좀 사시겠습니까?'

아주 이성적인 설명이다. 회사가 하는 일을 분명히 설명하고, 사양과 혜택을 기초로 잠재적 구매자에게 다른 회사 제품 말고 우리 제품을 고르라고 설득하고 있다.

이런 접근법도 가끔은 효과가 있을 수 있겠지만 기껏해야 몇 번의 거래가 반복되는 것으로 끝날 것이다. 기업은 궁극적으로 '충성도 높은 장기적 관계'를 늘려야 한다. 우리의 가치에 동의하여, 우리의 제품이라면 복잡하게 계산하거나 따지지 않고 무조건적인 응원을 보내는 그런 고객 말이다.

만일 앞의 세일즈맨과 같이 가격적인 혜택만을 강조한다면 더 좋은 가격을 찾아내는 순간, 구매자는 그쪽으로 가버릴 것이다. 왜냐하면 이 판매자는 정말로 중요한 부분에서 조금도 자신을 남들과 차별화하지 못했기 때문이다. 충성심은 사양이나 혜택을 바탕으로 만들어지는 게 아니다. 충성심과 장기적 관계는 그보다 깊은 차원의 무언가에 바탕을 두고 있다.

설명을 한 번 바꿔보자. 이번에는 '왜?'로 시작하는 것이다.

'아이디어가 있어도 남들과 공유할 수 없다면 그게 다 무슨 소용일까요? 저희 회사는 누군가의 머릿속에만 존재하는 아이디어를 세상에 꺼내놓는 일을 돕기 위해 설립되었습니다.

아이디어가 더 많이 공유될수록 그 아이디어가 세상에 영향을 미칠 가능성도 커집니다. 아이디어를 공유하는 방법에는 여러 가지가 있지만, 지금까지도 가장 큰 영향력을 미치는 것은 바로 종이에 인쇄된 글입니다. 저희는 바로 이 부분을 담당하고 있습니다. 저희는 세상을 바꿀 당신의 아이디어를 표현하기에 제일 적합한, 그런 종이를 만듭니다. 저희 회사와 함께하시겠습니까?'

어떤가? 완전히 다르지 않은가? '왜?'로 시작하고 보니, 종이도 아주 훌륭한 물건처럼 들린다. 흔하디흔한 상품도 이럴진대 정말로 뛰어난 제품이라면 어떨지 한 번 상상해보라.

위 두 번째 설명은 사실관계나 숫자, 사양, 혜택 같은 것을 기초로 하고 있지 않다. 물론 그런 것들도 가치가 있지만 '첫 번째'는 아니다. '왜?'로 시작하는 것은 더 깊이 있고 정서적이며 궁극적으로 더 큰 영향력을 미치는 가치를 담고 있다.

두 번째 설명은 더 이상 종이에 관한 얘기가 아니다. 우리 회사가 어떤 곳이고 무엇을 지향하는지에 관한 얘기다. 물론 늘 그냥 종이 한 묶음이면 되는 사람들도 있을 것이다. 하지만 고객의 개인적 신념과 가치가 이 설명에 표현된 내용과 일치한다면? 다시 말해 고객도 아이디어의 전파가 가진 힘을 믿는다면, 단 한 번이 아니라 지속적으로 우리와 비즈니스를 하고 싶을 가능성이 훨씬 커질 것이다. 이런 고객은 다른 판매자가 더 좋은 가격을 제안하더라도 우리와 계속 함께 할 가능성이 크다. 그들의 신념을 반영하는 회사와 함께 일한다는 사실은 그들의 정체성에 관한 문제이기 때문이다.

영감을 주고 장기적인 신뢰와 충성심을 이끌어내는 기업은 상대에게 단지 돈 몇 푼을 절약하는 것 이상의 가치를 준다. 애플이 언제나 가장 싸고, 가장 좋은 품질의 제품을 만드는 것은 아니지만, 늘 애플의 제품을 고집하는 이들이 전 세계에 분포하는 것도 같은 이유다.

우리가 인정하고 싶든 아니든, 우리는 완벽히 이성적인 존재가 아니다. 만약에 그랬다면 사랑에 빠지는 사람도, 사업을 시작하는 사람도 없었을 것이다. 이성적인 사람이라면 결코 엄청난 실패 확률에 맞서 그런 위험을 감수하지 않을 것이다. 그러나 우리는 사랑에 빠지고 사업을 시작한다. 매일 일상적으로 겪는 일들 대부분은 이성(생각)보다는 직관이나 감정에 의해 벌어진다.

그런데 감정에는 한 가지 문제가 있다. 말로 정확하게 표현하기 어렵다는 점이다. 우리가 은유와 비유에 의존하는 것은 그 때문이다. 불안한 인간관계를 표현할 때 "우리 관계는 곧 무너져 내릴 다리를 향해 돌진하는 기차와 같아요."라고 빗대어 표현한다든가, 업무에서의 막막함을 "사무실에 도착하면 나는 늘 운동장에 선 어린 아이가 된 기분이다."라고 말한다. 감정을 소통하는 것은 어려운 일이지만, 보상도 그만큼 크다. 고객이나 의뢰인과 정서적으로 궤를 같이 하게 되면 그 어떤 사양이나 혜택에 기초한 이성적인 관계보다 훨씬 더 튼튼하고 의미 있는 관계가 만들어진다. 이것이 바로 우리가 언제나 '왜?'로 시작해야 하는 이유다.

사람들은 왜 '왜?'에 반응할까? '왜?'라는 개념 전체가 실은 인간의 의사결정에 관한 생물학적 원리에 토대를 두고 있다. 골든 서클의 작동 원리는 뇌의 작동 원리를 그대로 묘사한다.

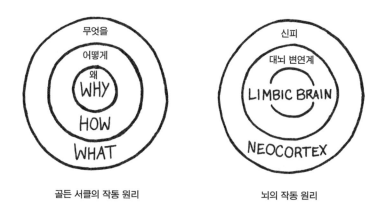

골든 서클의 작동 원리   뇌의 작동 원리

골든 서클의 바깥 영역, 즉 '무엇을' 영역은 뇌의 바깥 영역인 '신피질'에 해당한다. 신피질은 뇌에서 이성적이고 분석적인 사고를 책임지는 부분으로, 사실 관계와 숫자, 사양, 혜택 등을 이해한다. 신피질은 언어도 책임지고 있다.

골든 서클의 가운데 두 영역, 즉 '왜'와 '어떻게' 영역은 뇌의 가운데 영역인 '변연계'에 해당한다. 뇌에서 변연계는 우리의 모든 행동과 의사결정을 책임지는 부분이다. 신뢰나 충성심 같은 감정도 모두 변연계가 책임진다. 그러나 신피질과는 달리 변연계에는 언어를 다룰 수 있는 능력은 없다. 변연계는 흔히 말하는 '직감'의 출처이기도 하다. 직감은 우리가 의사결정을 내릴 때 느끼는, 말로 설명하기 어려운 감정이다.

우리가 종종 말로는 내 감정을 표현하기가 어렵고("이루 표현할 수 없을 만큼 당신을 사랑해요.") 내 행동을 설명하기 곤란하고("내가 일부러 그런 게 아냐. 뭔가가 시켰다고!") 의사결정의 이유를 댈 수 없는("나도 이유는 모르겠어. 그냥 그래야 할 것 같았어.") 것은 바로 이렇게 각 능력이 생물학적으로 구분되어 있기 때문이다.

그러나 감정을 말로 표현하는 방법은 배울 수 있다. 그 방법을 배운 사람은 자기 자신이나 동료 또는 고객에게 영감을 불러일으켜 행동을 끌어내는 데 능숙하다. 누구나 그런 표현들을 찾을 수 있도록 도와주려고 쓴 것이 이 책이다.

'왜?'를 이해하고 나면 나에게 성취감을 주는 일이 무엇인지 말로 똑똑히 표현할 수 있고, 내가 최고의 퍼포먼스를 낼 때 그 원동력이 무엇인지도 잘 알 수 있다. 그렇게 되면 어떤 행동이나 판단을 할 때 나만의 기준이 생겨 사업에서, 커리어에서, 인생에서 의식적인 선택을 할 수 있게 된다. 모든 선택과 결정에서 '감'이 아닌 명확한 판단 기준을 가지게 되는 것이다.

'왜?'로 시작하면 남들이 내 물건을 사고, 나와 협업하고, 나의 비전에 동의하고 함께하도록 영감을 불러일으킬 수 있다. 다시는 복권을 살 필요도 없고, 이유 모를 직감에 의존해 결정하고 행동할 필요도 없다. 이제부터는 목적의식을 가지고 의도한 대로 일하게 된다.

" 나에게 완벽한 회사를 찾으려고 애쓸 게 아니라,
  서로에게 완벽한 회사를 만들려고 노력해야 한다."

The opportunity is not
to discover the perfect
company for ourselves.
The opportunity is to
build the perfect company
for each other.

실제로 '왜?'는 어떻게 사용될까?

• • •

베일 듯 다림질이 말끔하게 된 회색 정장을 차려입은 HR팀장은 에밀리를 올려다보며 늘 하는 첫 질문을 던졌다.

"당신은 우리 회사에 어떤 기여를 할 수 있나요?"

몇 달 전 대학을 졸업한 에밀리는 대형 글로벌 기업에 지원했다. 대학 내내 전액 장학금을 받고 성적표를 A로 도배한 에밀리는 1차 전형을 무난히 통과했고 이제 면접을 보는 중이었다. 맞은편에는 HR 팀장과 함께 임원 3명이 앉아 있었다. 지원서를 살피는 면접관들은 에밀리가 똑똑한 사람이라는 것은 알 수 있었지만 사회생활 경험이 부족한 점이 걱정되었다. 그리고 더 중요하게는, 에밀리가 과연 이 회사의 기업 문화에 잘 맞을지, 힘든 상황에서 어떻게 대처할지 알아봐야 할 것 같았다.

회색 정장을 입은 남자가 더 구체적으로 설명했다.

"이 분야에 지원한 사람들 중에는 우수한 지원자가 많습니다. 그 사람들에게는 없는, 본인만이 가진 것이 있다면 말씀해 주세요."

에밀리는 성실한 학생답게 이 회사에 관해 알아낼 수 있는 것은 모조리 익혀가며 면접 준비를 했다. 하지만 그런 정보는 다른 지원자들도 똑같이 접할 수 있는 내용이었다. 그녀는 한 발 더 나아가보기로 했다. 에밀리는 자신의 '왜?'를 털어놓았다.

"회사에 어떤 것을 기여할 수 있을지 얘기하기 전에 먼저 제가 매일 아침 자리에서 일어나는 이유를 설명드리겠습니다."

에밀리는 차분하게 말했다.

"저는 사람들이 본연의 최고 모습을 발휘할 수 있게 도와주려고 애씁니다. 그게 저에게는 늘 영감이 됩니다. 웹사이트를 보며 이 회사도 똑같은 신념을 갖고 있다고 느꼈습니다. 그러니 제가 이곳에 지원할 수밖에요."

면접관들은 종이를 뒤적거리던 손을 멈추고 에밀리의 얼굴을 쳐다보았다. 에밀리는 이제 좀 더 전형적인 면접 발표 내용들, 즉 자신의 능력과 장점 등을 설명했다. 하지만 이미 이긴 경기였다. 대화를 나눈 지 30초도 안 되어 면접관들은 이미 에밀리를 채용하기로 마음먹었다.

'왜?'로 이야기를 시작한 에밀리는 면접관들의 대뇌 변연계에 있는 의사결정 중추에 직접 대고 말을 건 것이나 마찬가지였다. 에밀리는 '내가 무엇을 할 수 있는지'뿐만 아니라 '내가 어떤 사람인지' 이야기함으로써 그 자리에서 진정한 유대감을 만들어냈다. 그거면 충분했다. 면접관들은 직감적으로 에밀리를 팀원으로 뽑고 싶다고 느꼈다.

이 방법은 에밀리에게도 상대적으로 간편한 접근법이었다. 에밀리는 면접을 준비하며 온갖 예상 질문에 대한 기발한 답을 생각하느라 시간을 쓰는 대신에 자신의 '왜?'를 편안하게 소통할 수 있는 방법에 집중했다. 면접관들과 마주했을 때 에밀리는 왜 이 회사에서 일하고 싶었는지 '마음에서 우러난' 즉, 대뇌 변연계에서 나온 애기를 하면 됐다.

이후의 면접은 취조라기보다는 대화처럼 느껴졌고, 에밀리가 내놓은 답들은 모두 면접관들의 직감이 옳았음을 증명했다. 에밀리는 집에 도착하기도 전에 벌써 전화를 받았다.

HR팀장이 함께 일하자고 제안하는 전화였다.

한 가지 도구도 다양한 목적에 쓰일 수 있다. 망치는 액자를 하나 걸 때 사용할 수도 있고 집 한 채를 짓는 데 사용할 수도 있다. '왜?' 역시 이처럼 좁게도, 넓게도 활용할 수 있는 변화무쌍한 도구다.

우리는 '왜?'를 이용해 면접을 훌륭하게 치를 수도 있고, 조직과 같은 방향을 바라보는 좋은 팀원을 채용할 수도, 팀원들에게 의욕을 불어넣을 수도 있다. 기업가라면 '왜?'를 이용해 신사업 방향을 정하거나 기업 전체를 이끌 수도 있다. 회사는 '왜?'를 이용해 마케팅 캠페인의 방향을 제시할 수도 있고 기업 문화를 변신시킬 수도 있다. 도구는 하나지만, 쓰임새는 다양하다.

'왜?'를 그림 퍼즐의 조각으로 생각해도 좋다. 내가 어떻게 생긴 조각인지 알고 나면, 어디에는 맞고 어디에는 맞지 않는지 쉽게 알 수 있다. 때문에 매사에 확신을 가지고 훨씬 더 빠르게 의사결정을 내릴 수 있다.

같은 맥락에서 남들도 내 조각을 보면 그게 자신의 조각과 맞을지 여부를 알 수 있다. 만약 서로 딱 맞는 조각끼리 만난다면, 그때부터 완전한 이미지를 향해 추진력 있게 나아갈 수 있다. 같은 비전을 가진 사람들이 팀을 꾸려 시너지를 내는 모습이라고 생각해도 좋다.

커리어를 쌓거나 사업을 키우는 데는 두 가지 방법이 있다. 기회와 고객을 찾아서 그때그때 하나씩 맞춰보며 뭔가 연결점이 발견되기를 바라는 방법과 의도를 갖고 살면서 내 조각이 어떻게 생겼는지 알고, 나에게 딱 맞는 곳으로 직행하는 방법이다.

조직에 적합한 인재 찾기

• • •

방송국 고위 임원들이 회사의 '왜?' 발견 과정에 참여하고 있었다. 쉬는 시간, HR팀장인 수전이 동료 짐에게 다가오며 말했다.

"그 사람을 뽑으면 안 될 것 같아요."

몇 주째 수전과 짐은 중요한 자리의 지원자 한 명을 놓고 논의를 거듭하고 있었다. HR팀은 광범위한 조사를 통해 후보자를 한 명까지 추려놓았다. 마지막 남은 이 후보자는 필요 요건을 두루 갖춘, 서류상으로 보면 아주 훌륭한 사람이었다. 그런데도 뭔가 계속 찜찜한 기분이 들었다.

수전이 말했다. "전에는 문제가 뭔지 몰랐는데, 이제 똑똑히 알겠어요."

짐이 수전의 말을 받았다. "그 사람은 우리랑 신념이 다르죠."

'왜?' 발견 과정 덕분에 수전과 짐은 똑같은 각성의 순간을 경험했다. 문제의 후보는 모든 자질을 갖추었지만 아주 중요한 것이 결여되어 있었다. 그는 이 회사의 '왜?'를 적극 옹호할 수 있는 사람이 아니었다.

핵심 직책이 몇 달간 공석으로 남는다면 회사에도 분명 손실이 될 것이다. 하지만 두 사람은 그 자리에서 결론을 내렸다. 단기적인 손실을 감수하더라도, 해당 보직을 수행할 수 있는 동시에 회사와 꼭 맞는 사람을 계속 찾겠다고 말이다.

이력서를 기준으로 사람을 채용하는 것은 어렵지 않다. 그러나 기업 문화를 기준으로 사람을 뽑는 것은 어렵다. 이유는 간단하다.

이력서를 보면 지원자가 그 일을 할 경험과 능력이 있는지 객관적으로 알 수 있다. 때문에 '사실 관계'를 중심으로 판단만 하면 된다. 그런데 기업 문화 적합성을 따져서 사람을 채용하는 것은 사실관계보다는 직관적인 판단, 즉 '느낌'을 중시한다는 얘기다. 무책임한 경영자는 이 느낌(소위 '직감')을 무시할 테지만, 훌륭한 경영자라면 아주 미세한 느낌에도 귀를 기울일 것이다. 그런데 문제는 이것이 여전히 구체적으로 설명할 수 없는 '느낌'이라는 점이다.

이 방송국 경영진의 경우 후보자가 능력은 있어도 회사에 맞지 않는다는, 우려가 될 정도의 강렬한 직감을 느꼈다. 하지만 그렇게 느낀 이유를 말로 분명히 표현할 수 없었기 때문에 직감을 이용해 선뜻 의사결정을 내리지 못하고 있었다.

이런 일은 누구나 겪어보았을 것이다. 모든 표지가 '가라!'고 말하는데 직감은 잠깐 멈추라고 할 때가 있다. 이것은 사람이 본능적으로 가치관이나 신념에 맞춰 의사결정을 내리려는 습성을 가지고 있기 때문이다. 개인의 가치관은 조직의 '왜?'와 같다. 이 '왜?'를 말로 표현하는 순간, 기업 문화는 실체를 갖추게 되고, 선택의 기준이 또렷해진다.

'왜?'에는 거시적 차원과 미시적 차원이 있다. 기업에도 '왜?'가 있고, 사업부나 팀에도 '왜?'가 있으며, 개인도 저마다의 '왜?'가 있다.

우리는 적합한 회사의 적합한 자리에 적합한 사람이 일하게 만들어야 한다. 이 부분에 대해서는 4장에서 좀 더 자세히 다룬다.

사업이 순전히 과학이라면 좋겠지만 현실은 그렇지 않다. 사업의 어느 부분은 예측 가능하고 쉽게 파악되고 측정하기 쉽지만(이익, 매출, 비용 같은 것들), 실제로는 어마어마하게 많은 부분이 예측 불가능하고 잘 파악이 안 되고 측정하기 어렵다. 비전, 영감, 신뢰뿐만 아니라 기업 문화에 맞는 사람을 채용하는 일까지도 말이다.

우리는 무형적인 것의 가치를 너무나 잘 알고 있다. 그러나 그것을 말로 표현하기 어렵기 때문에 그 중요성을 간과하고 만다. 때로는 기업의 장기적 건전성에 대한 우려보다 '숫자를 맞추라'는 대내외적 압박이 너무 커서 무형적 가치가 방치된다. 무형적 가치들을 파악하거나 설명할 능력이 부족해서, 혹은 무형적 가치를 육성할 인내심이 부족하거나 그것을 정확히 측정할 방법을 몰라서 무시할 때도 있다.

만약 무형적 가치를 경영할 제대로 된 툴이 있다면 우리는 무형적 가치에 분명 더 많은 관심을 기울이게 될 것이다.

기업의 재고 상황을 모니터링 할 때는 툴을 사용한다. 그런데 예비 직원의 기업 문화 적합성을 측정하려면 대체 어떻게 해야 할까?

수입에서 비용을 빼면 금세 이익을 계산할 수 있다. 하지만 직원들의 자발적이며 능동적인 노력을 정확히 측정하려면 어떻게 할까?

고객의 구매 이력은 알 수 있지만, 고객이 우리 회사를 신뢰하는지는 어떻게 알까?

이런 질문에 대한 답을 갖고 있지 않기 때문에 너무나 많은 회사가 회사와의 적합성보다는 보유한 능력을 보고 사람을 채용한다. 기업 문화에 관해 말은 많지만 어떻게 기업 문화를 육성하는지 모른다. 그리고 직원 및 고객들과 깊은 인간적 유대를 형성하지 못한다.

'왜?'는 흐릿한 것을 선명하게 만들고, 추상적인 것을 구체적으로 만들 수 있는 툴이다. 제대로 쓴다면 사람을 채용하고, 전략을 개발하고, 대내외적으로 더 분명한 소통을 하는 데 매우 유용하다.

'왜?'는 사람들에게 영감을 불러일으킬 비전을 세우는 데도 도움이 되며, 결국 목적을 갖고 의도대로 행동하도록 우리를 이끌어줄 것이다.

다음 장부터는 이 '왜?'를 어떻게 찾고 그것을 어떻게 말로 표현할지 설명하겠다.

2장

'왜?'를 어떻게 발견할 것인가?

당신의 인생을 특별하게 만들 한 문장

FIND
YOUR
WHY

· · ·

　직장 생활은 고되다. 일어나서, 출근하고, 상사(당신이 사장이라면 당신을 제외한 모든 사람)를 상대하고, 돈을 벌고(올해는 작년보다 더 많이 벌 수 있다면 좋겠지), 퇴근하고, 사생활을 돌보고, 잠든다. 매일매일 감당하기에 참 많은 일이다.

　그런데 지금 하고 있는 일을 '왜?'하는가 까지 알아가면서 복잡하게 시간을 낭비할 필요가 있을까? 나는 '충분히 그럴 만한 가치가 있다'고 확신한다.

　이 글을 읽고 있는 당신이 기업가든, 직원이든, 팀이나 사업부의 리더든, 혹은 조직 전체의 '왜?'를 알고 싶은 사람이든, '왜?'를 발견하면 일에 열정이 생긴다. 그래서 매일 쳇바퀴 돌듯 반복되어 지루하고 피곤하기만 했던, 의미 없던 직장 생활이 특별해진다.

성공의 기준은 돈, 지위, 명예 등 여러 가지가 있다. 하지만 당신이 원하는 성공이 정말 그것인가? 만일 하루하루를 의미 있게 보내며, 장기적으로 나의 인생을 통해 누군가에게 좋은 영향력을 미치고자 하는 것이 당신이 정의하는 성공이라면 지금부터 이야기할 '골든 서클'이라는 툴에 주목하자.

기업가가 '왜?'를 발견하면 직원이나 고객 혹은 의뢰인에게 우리 회사만의 아이덴티티를 효과적으로 알릴 수 있다. 애플이 늘 최고의 제품만 만드는 것은 아니다. 하지만 애플의 '왜?'가 담긴 브랜드 슬로건 'Think difference!'는 '다르게 생각하고 싶은 사람들'에게 그 어떤 회사보다 강력한 정서적 어필을 한다.

또한 '왜?'를 알면 조직에 적합한 사람을 채용하기가 더 쉬워진다. 기업가라면 누구나 정말로 같은 신념을 가진 직원을 뽑고 싶다. 하지만 아무리 노력한들 그게 '어떤' 신념인지 분명하지 않다면 무슨 수로 그런 직원을 찾아낼까? 나의 '왜?'를 알면 나와 같은 신념을 가진 사람을 채용할 수 있다. 신념은 돈보다 훨씬 더 강력한 동기를 부여한다. '왜?'를 아는 것이 당신의 기업에 꼭 필요한 사람을 채용하는 비결이다.

직원 개인, 그러니까 피터 옆에 앉았던 경량 철강 세일즈맨 스티브 같은 사람이 '왜?'를 알면 열정을 되살리고 회사의 '왜?'와 자신을 연결할 수 있다. 그리고 혹시 그 회사와 멀어지게 되더라도 자신의 '왜?'를 분명히 이해하고 있다면 다음 직장을 찾을 때 더없이 귀중한 기준이 된다. 이렇게 '왜?'는 나에게 더 '딱 맞고' 내가 성취감을 느끼며 성공할 수 있는 회사를 고르는 데 큰 도움이 된다.

　조직 전체의 '왜?'를 발견하는 데는 두 가지 방법이 있다. 하나는 설립자의 '왜?'를 찾는 것이다. 이것은 창립 스토리로부터 끌어낼 수 있다. 만약 설립자에게 연락할 수 없다면 기존 조직 문화에서 가장 좋은 요소들을 토대로 '왜?'를 찾아내는 방법도 있다.

　이 책은 이렇게 개인 혹은 집단에 따라 '왜?'를 발견하는 방법을 3개의 장으로 나눠 설명한다. 설립자 겸 기업가이든 직원이든, 당신은 어차피 한 명의 사람이다. 그러니 먼저 3장에서 설명하는 '개인'의 '왜?' 발견 과정을 수행하라.

　만약 큰 회사에 소속된 팀이나 그룹, 사업부의 일원으로서 자신이 속한 집단의 '왜'를 알고 싶다면 4장과 5장에 나오는 '집단적 접근법'을 활용하라. 집단적 접근법은 조직 전체의 '왜?'를 발견하고 싶은데 더 이상 설립자의 도움을 받을 수 없을 때도 유용하게 활용할 수 있다.

　하지만 개인이냐 집단이냐를 따지기 전에 '왜?' 발견 과정의 핵심이라 할 수 있는, 누구나 따라야 할 기초 단계부터 먼저 보고 가자.

1단계 : 스토리를 수집하고 공유하라

• • •

우리는 누구나 단 하나의 '왜?'를 갖고 있다. 그 '왜?'는 '나는 이런 사람이 되기를 열망한다.'는 진술이 아니라, '자연스러운 최고의 모습일 때 나는 이런 사람이다.'를 표현한다.

철강 세일즈맨 스티브처럼 무의식중에 이미 자신의 '왜?'에 따라 살고 있는 사람도 있다. 그런 사람이 '왜?'를 말로 표현할 수 있으면 '왜?'는 더 강력한 도구로 변신한다.

'왜?'를 잘 실천하지 못하고 있는 사람이라면, '왜?' 발견 과정은 나의 목적이나 대의 또는 신념을 제대로 이해하는 기회가 된다. 그렇게 알게 된 내용 덕분에 일의 경로를 바꾸거나 새로운 직책으로 이동하게 될 수도 있다. 어쩌면 새로운 회사로 이직하여 지금까지 느낄 수 없었던 성취감을 찾을 수도 있다.

'왜?'는 나에 대한 일종의 기원 설화다. 수없이 널려 있는 이야기를 수집하고, 그 가운데서 일정한 패턴을 발견하면, '나'라는 존재의 가장 깊숙한 곳에 다다를 수 있다. 그래서 '왜?' 발견 과정의 첫 단계는 과거를 돌아보며 의미 있는 실마리(내가 겪었던 경험, 나에게 영향을 준 사람들, 내가 접했던 삶, 인생의 기복)를 찾는 일이다.

나의 '왜?'를 밝혀내려면 중요한 순간, 뚜렷한 기억들을 소환해 연결점을 찾아야 한다. 우리는 이것을 '스토리 수집 단계'라고 칭한다.

집단의 경우에도 '왜?'는 과거로부터 나온다. 그것은 회사가 어떻게 설립되었는가에 관한 창립 스토리일 수도 있고, 집단의 구성원들이 공유하고 있는, 그 집단의 일원임을 자랑스럽게 해주는 어떤 가치를 대변하는 이야기일 수도 있다.

어느 쪽이 되었든 '왜?'를 발견하는 것은 과거의 강에서 사금을 채취하는 것과 같아서, 시간을 들여 과거의 중요한 순간들을 하나하나 걸러내야만 한다.

스토리는 구체적이어야 한다. 단 한 문장으로 기술되는 단순한 사실은 너무 광범위해서 나에 대한 정확한 정보가 될 수 없다.

"우리 가족은 여름마다 차를 타고 휴가를 떠났다."로는 안 된다.

"우리 가족은 늘 차를 가지고 휴가를 떠났다. 한 번은 허허벌판에서 차가 고장나 앨버키키까지 히치하이킹을 해야 했다. 나는 무척 겁이 났지만 여동생까지 겁에 질리지 않으려면 내가 용기를 내야 한다고 생각했다. 그래서 게임을 만들어 가족들을 즐겁게 해주었다." 적어도 이 정도의 구체적인 묘사가 있어야 한다.

세부적인 내용과 사건을 통해 느낀 감정, 주변 사람들과의 대화, 그때 얻은 교훈 등을 되짚으면서 내가 어떤 사람이고 나의 '왜?'는 무엇인지 실체가 드러난다.

더 많은 스토리를 복원하고 공유할수록 유리하다. 데이터가 많아질수록 반복되는 생각이나 테마를 더 쉽게 알아볼 수 있기 때문이다.

" 리더란,

남들이 따라올 수 있게

먼저 가서 길을 여는 용기를 가진 사람이다."

Leaders are the ones

who have the courage

to go first and open a

path for others to follow.

개인이든 집단이든 기억을 짜내 내 인생을 가장 많이 바꿔놓은 스토리를 찾아라. 그중에는 정말로 중대한 사건이 있을 수도 있지만, 대부분은 그렇지 않을 것이다. '이런 것은 너무 소소해보이지 않을까?' 지레 짐작하지 마라. 중요한 것은 기억의 질적 가치, 즉 당신이 그 이야기를 할 때 느끼는 강렬한 감정이다.

개인의 발견 과정이든 집단의 발견 과정이든 스토리들을 이어주는 중요한 실마리를 객관적 시선으로 찾아내는 일은 아주 어렵다. 그래서 우리는 제 3자인 파트너나 진행자와 함께하기를 권한다.

이렇게 생각할 수도 있다. '흠, 프로이트 요법처럼 오래 걸리는 거 아냐?' 진정하라. 드러누울 소파 따위는 필요 없다. 몇 가지 질문을 받는 순간, 당신은 구체적이고 기억에 남는 사건들을 아주 많이, 적어도 10가지는 떠올릴 수 있을 것이다. 그것들을 모두 적은 다음, 내 인생을 가장 크게 바꿔놓은 것들로만 대여섯 개 추려 최대한 자세하게 공유하라.

2단계: 테마를 찾아라

• • •

모임에서 돌아왔는데 '오늘 정말 좋은 시간을 보냈다'고 느낀 적이 있는가? 그곳에서 만난 사람에게 나의 성장기나 사업 경험을 들려주면서 재미난 시간을 보낸 기억 말이다.

그날이 특별히 즐거웠던 이유 중에는 이야기를 듣는 상대방에게 나에 대한 새로운 이미지를 심어주었다는 점도 포함되어 있을 것이다. 그리고 어쩌면 그 생각은 내가 알면 깜짝 놀랄 내용일 수도 있다.

예컨대 나는 그저 집안의 둘째가 아니라 누나와 동생을 끈끈하게 이어주는 연결 끈으로 비쳤을 수도 있다. 또 나는 그저 수많은 직원 중 한 명이 아니라, 출근 첫날 "다들 왜 항상 '그런 식으로' 작업하시죠?"라고 말하며 모두에게 참신한 방향을 제시한 사람일 수도 있다.

과거에 재접속해 나의 '왜?'를 찾는 작업도 이처럼 재미있을 수 있다. 내 스토리를 캐내고 공유하면 테마가 보이기 시작한다. 그 동안 스스로는 한 번도 표현해보지 못했던, 개인이나 팀에 관한 통찰이 드러날 수도 있다.

과정이 진행되면서 다른 조각들보다 더 빛나 보이는 조각이 한두 개 있을 것이다. 더 크고 중요하게 느껴지는 조각들, 너무 밝게 빛나서 나도 모르게 손가락으로 가리키며 "저게 나야. 저게 나라는 사람이야." 혹은 "저게 우리야. 우리 팀의 모습이야."라고 말하게 되는 조각 말이다. 그런 테마가 바로 당신의 '왜?' 선언문을 작성하는 토대가 된다.

3단계: '왜?' 선언문 초안 작성 및 다듬기

• • •

반짝거리는 조각을 한두 개 손에 쥐었다면 이제 '왜?' 선언문을 작성할 준비가 된 것이다. 아래와 같은 점에 유의해 직접 작성해보라.

- 간단하고 분명하게
- 실천 가능하게
- 사람들에게 미칠 영향력에 초점을 맞추고
- 나에게 울림을 주는 긍정적 언어로 표현하라

이렇게 해서 최종적으로는 다음과 같은 형식의 '왜?' 선언문을 작성하게 된다.

_____ 함으로써 _____ 한다.

그렇다. 이게 전부다. '왜?' 선언문은 열다섯 단락씩 쓰는 게 아니라 단 한 문장이다. 이렇게 간단하다고 해서 꼭 쉽다는 뜻은 아니다. 한 문장이기 때문에 오히려 얼버무리거나 피하거나 난해한 표현 뒤에 숨을 여지가 없다. 나의 '왜?'를 한 문장으로 표현할 수 있다면 기억할 가능성도, 실천할 가능성도 훨씬 커진다.

나중에 더 자세히 얘기하겠지만, 조금만 더 살펴보고 가자.

첫 번째 빈칸은 남들의 삶에 내가 '기여하는 바'이다. 두 번째 빈칸은 나의 기여가 미친 '영향력'이다.

그렇다면 '왜?' 선언문을 다음과 같이 써도 될까?

"모든 프로젝트를 예산 내에서 스케줄보다 앞서 끝냄으로써 승진을 하고 충분히 돈을 벌어 자녀들 대학 등록금을 모은다.”

안 된다. 지금 현실이 그렇다고 하더라도 ‘왜?’ 선언문은 그보다 깊이 들어가야 한다. 사생활과 직장생활 모두에서 변치 않고 계속 중요성을 가질 내용이어야 한다. 내가 일에서 중시하는 가치이면서 동시에 친구들이 나를 좋아하는 이유이기도 해야 한다.

직업에서의 ‘왜?’와 개인적 ‘왜?’가 따로 있지 않다. 어디를 가든 ‘나는 나’이기 때문이다. 나의 ‘기여’는 제품이나 서비스가 아니다. 내가 꿈꾸는 영향력을 미치기 위해 내가 하는 모든 일(의사결정, 업무, 내가 파는 물건 등)이 보조를 맞추는 그 중심에 서 있는 것이 나의 ‘기여’다.

이번에는 좀 다른 앵글에서 볼 수 있게 실제 인물의 ‘왜?’ 선언문을 한 번 분석해보자. 사이먼 사이넥은 그의 ‘왜?’를 이렇게 표현한다.

“사람들이 자신에게 영감을 주는 일을 하도록 격려함으로써 다 함께 세상을 바꾼다.”

사이먼이 바라는 ‘영향력’은 우리 각자가 크고 작은 방식으로 ‘세상을 더 좋게 바꾸는 것’이다. 멋지다! 하지만 이 목표는 그 자체로는 너무 광범위하고 추상적이다. 이때 그가 바라는 영향력에 방향을 제시하는 것이 바로 그의 ‘기여’다. 변화가 일어날 수 있게 ‘월요일 아침에 그가 실제로 하는 일’ 말이다.

이 '기여' 부분(사람들을 격려하는 것)이 사이먼이 당장 오늘 할 일을 결정한다. 그가 책을 쓰고 강연을 하고 워크숍을 여는 것은 모두 사람들을 격려하기 위한 활동이다. 사이먼이 다양한 형태로 효과적으로 사람들을 격려할수록 그의 생각에 동조하는 사람들이 늘어날 것이고, 세상을 더 좋게 바꿀 가능성도 커진다.

" _____ **함으로써** _____ **한다.**"의 형식은 누구나 사용할 수 있다. 우리의 소명을 글로 표현할 수 있는 가장 간단한 방식이기 때문이다. 개인의 '왜?'든 집단의 '왜?'든 분명한 '왜?'를 염두에 두고 일한다면 매일 아침 나 자신보다 더 큰 무언가의 일부라는 기분으로 출근할 수 있을 것이다.

많은 사람들이 철강 세일즈맨 스티브와 같은 처지다. 나의 '왜?'에 맞춰 살고 있는 사람들조차 자신의 기여나 영향력을 구체적인 언어로 표현하는 데는 어려움을 느끼기도 한다. '왜?' 발견 과정은 그런 직감, 즉 나에게 영감을 주는 모든 것을 언어로 표현할 수 있게 한다. 그러려면 당신은 다음 두 가지를 준비해야 한다.

• **훌륭한 파트너 또는 진행자**: 일상적인 수준에 머무르지 말고 더 깊이 생각해보라고, 익숙한 안전지대 밖으로 나가보라고 나를 독려해줄 수 있는 사람을 선택하라. 그와 함께 나의 '왜?'를 끌어낼 수

있는 기억이나 경험을 찾고, 투명하게 공유하라. 5000피트 상공에서 내려다보며 내 스토리 속에 숨어 있는 '왜?'를 찾아낼 사람은 나보다는 파트너나 진행자일 가능성이 아주 크다.

• **충분한 시간**: 어느 정도가 충분한 시간인지는 말하기 어렵다. 하지만 우리는 최소 4시간은 확보하기를 권한다.

더 자세한 것은 차차 알아보기로 하자.

이미 당신은 '왜?'에 대해 진지하게 고민하기 시작했을 것이다. 그것만으로 충분하다.

3장

개인의 '왜?' 발견 과정

나의 '왜?'를 찾고 싶은 이들을 위한 방법론

FIND

YOUR

WHY

   • • •

　이번 장은 나의 '왜?'를 알고 싶은 모든 개인을 위한 장이다. 기업
가든, 직장인이든, 학생이든, 주부든, 과정은 동일하다.
　혹시 팀이나 그룹의 '왜?'를 발견하고 싶은 사람이라면 집단적 접
근법을 설명해놓은 다음 장으로 넘어가기 바란다.

　모든 일이 그렇듯이 '왜?' 발견 과정도 준비가 온전히 되었을 때
가장 효율적으로 진행되며 효과도 좋다. 다음 페이지의 그림은 앞으
로 거치게 될 과정을 간략히 그림으로 나타낸 것이다. 우리는 이 일
곱 단계를 하나씩 차례대로 밟아나갈 것이다.

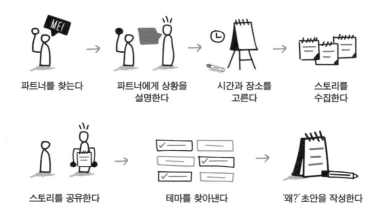

파트너를 찾는다 　 파트너에게 상황을 설명한다 　 시간과 장소를 고른다 　 스토리를 수집한다

스토리를 공유한다 　 테마를 찾아낸다 　 '왜?' 초안을 작성한다

파트너 찾기

• • •

기억하라. 나의 '왜?'를 찾으려면 과거의 강에서 사금을 채취해야 한다. 내 인생 혹은 커리어와 관련된 스토리를 떠올리다 보면 중요한 테마가 여럿 드러날 수 있다. 기억 속에서 그 스토리들을 소환할 수 있는 사람은 오직 나뿐이다. 하지만 그 스토리들을 해석할 때는 객관적인 평가가 가능한 두 번째 눈이나 귀, 그러니까 파트너가 아주 소중하다.

내 스토리에 귀를 기울이는 파트너는 나로서는 도저히 생각도 하지 못할 참신한 시각을 제공해줄 수 있다. '딱 맞는' 파트너를 찾는 것은 '왜?' 발견 과정에서 매우 중요한 부분이다. 하지만 그렇다고 해서 따로 훈련을 받은 심리학자나 코치를 찾아내야 하는 것은 아니다. 그저 진심으로 내가 '왜?'를 찾는 과정을 도와주고 싶어 하는 사람이면 된다.

파트너의 역할은 내가 스토리를 공유하는 동안 메모를 하고 질문을 함으로써 내가 스토리 속의 더 깊은 의미와 중요성을 찾을 수 있게 돕는 것이다. '왜?'의 기초를 이루는 귀중한 실마리와 반복되는 테마나 생각을 함께 찾아주는 것이 파트너의 주된 역할이다.

반드시 내가 잘 아는 사람을 파트너로 고를 필요는 없다. 하지만 개인적인 정보나 감정을 공유하기에 불편하지 않은 사람으로 선택할 것을 추천한다.

파트너가 되기에 가장 좋은 사람은 내 이야기를 처음 듣는 사람이다. 역설적으로 들릴지 몰라도, 배우자처럼 나를 '너무' 잘 아는 사람은 파트너로 추천하지 않는다. 그동안의 경험에 비추어보면 배우자나 가족, 친한 친구 같은 사람들은 객관적인 시각을 유지하기가 힘들었다. 당신도 나를 위해 내 이야기를 왜곡하거나 수정할지도 모르는 사람은 원치 않을 것이다.

파트너가 되기에 가장 좋은 사람은 천성적으로 호기심이 많은 사람이다. 그런 사람은 남의 말에 귀를 잘 기울이고 연관된 질문을 하는 데 능숙하다. 나에 대해 좀 더 알고자 하는 사람은 나를 이미 다 알고 있다고 생각하는 사람보다 더 깊이 파고들면서 예기치 못한 질문이나 현명한 질문을 많이 한다.

좋은 파트너라면 내가 스토리를 떠올리는 동안 귀 기울여 듣고 메모를 해줄 것이다. 다시 한 번 말하지만, 파트너는 내가 나의 '왜?'를 발견할 수 있게 진심으로 도와주려는 사람이어야 한다.

파트너에게 상황 설명하기

• • •

파트너가 정해졌다면 그가 골든 서클의 기본 개념을 이해할 수 있게 사이먼 사이넥의 TED강연부터 보여주기를 권한다. 그리고 다음 '파트너 섹션'의 내용을 함께 읽으며 '왜?' 발견 과정에서 그가 맡을 역할을 인지하게 하자.

파트너 섹션

먼저 크나큰 감사를 표한다. 당신은 누군가가 '왜?', 즉 삶의 원동력이 되는 목적이나 대의 또는 신념을 발견하고 또렷한 말로 표현할 수 있게 도와주기로 했다.

누군가가 그의 '왜?'를 발견할 수 있게 옆에서 돕는 과정은 우리도 일을 하면서 가장 기운이 나는 순간 중 하나다. 내가 파트너가 되어준 사람이 마침내 그의 '왜?'를 분명한 언어로 표현하며 활짝 웃는 모습을 볼 수 있다는 사실이 너무 좋다. 이미 수백 번을 해온 일인데도 여전히 감동이 밀려온다.

이번에는 당신이 그 파트너가 될 것이다. 즐겁게 이 과정을 진행하며 누군가에게 멋진 선물도 하기를 바란다.

우리의 최종 목표는 '왜?' 선언문 초안을 손에 쥐는 것이다. 그렇게 만들어진 '왜?' 선언문이 필터가 되어 이 사람은 앞으로 의사결정을 내릴 때마다 일이나 커리어에서 최대한의 기쁨과 성취감을 찾는 선택을 하게 될 것이다.

이 섹션에서는 파트너, 즉 당신을 위한 툴과 팁을 제공한다. 전문가가 아닌데 파트너 역할을 제대로 할 수 있을지 우려된다고? 걱정하지 마라. 심리치료사나 코치가 아니어도 훌륭한 파트너가 될 수 있다. 당신은 그저 상대가 '왜?'를 찾을 수 있게 돕겠다는 열의만 있으면 된다. 구체적인 방법은 우리가 알려줄 테니 말이다. 게다가 이 책 뒷부분에는 파트너로 참여하기로 한 당신에게 필요한 모든 팁과 질문이 정리되어 있다.

'왜?'는 일종의 기원 설화다. 당신은 지금부터 한 사람의 역사를 추적하는 추적자가 되는 것이다. '현재의 나'는 성장하면서 내가 겪은 모든 경험과 내가 배운 교훈, 나를 가르친 스승들, 내가 한 모든 일의 총체이다. 그러니 '왜?'를 찾을 수 있게 도와주려면 우리는 상대의 과거 스토리에 귀를 기울여야 한다.

'왜?'는 곧 자연스러운 최고의 모습일 때의 그 사람을 나타낸다. 그의 삶에 영향을 미치고 지금의 그를 만든 여러 스토리와 경험을 통해 그 최고의 모습이 무엇인지 밝혀질 것이다.

파트너의 역할

. . .

파트너의 주된 역할은 상대의 스토리에 귀를 기울이고 현명한 질문을 건네는 것이다. 상대는 그 질문을 통해 자신의 내면에 더 깊이 파고듦으로써 기억 속 깊은 곳을 들여다보게 될 것이다. 이야기를 듣는 동안 메모를 해가며 스토리에서 반복되는 문구나 단어, 생각, 테마를 찾아본다. 이런 테마가 한데 엮여서 자연스러운 최고의 모습일 때 그 사람이 실제로 어떤 사람인지 귀중한 실마리가 드러날 것이다.

이때 당신은 마음속의 편견을 내려놓아야 한다. 상대에 대해 내가 알고 있는, 혹은 안다고 생각하는 내용 때문에 객관성이 흔들리지 않아야 한다. 가장 중요한 것은 온전히 집중하는 것이다. 한눈파는 일 없이 온전히 지금 앞에 놓인 작업에 집중해야 한다.

'왜?' 발견 과정은 심리치료나 멘토링 시간이 아니다. 당신이 의견을 제시하거나 문제를 해결해줄 필요는 없다. 당신은 오직 능동적인 청취자의 역할에만 충실하면 된다.

능동적 청취자가 되는 방법

. . .

'능동적 청취'란 상대가 말하는 것보다 더 많은 것을 듣는 것이다. 그러려면 상대의 말 속에 숨겨진 의미와 동기, 감정을 이해해야 한다. 능동적 청취에는 몇 가지 간단한 기술이 있다.

먼저 눈을 맞춰라. 그리고 언어적으로, 비언어적으로 상대가 하는 말에 호응하라. "계속하세요." 같은 말로 용기를 주거나 상대의 말을 알아들었다는 뜻으로 고개를 끄덕이는 적극적인 제스처가 필요하다. 그렇게 일어난 일뿐만 아니라 그에 대한 느낌을 더 자세히 말하도록 만들어라. '비언어적' 단서에 특히 유의하라. 표정, 보디랭귀지 심지어 긴 침묵까지도 상대의 기분에 대한 단서가 될 수 있다.

상대가 들려줄 이야기는 그의 삶에서 가장 중요한 이야기다. 그러니 상대는 말을 하면서 강렬한 감정을 느낄 수도 있다. 이런저런 방식으로 자부심, 사랑, 만족, 공포, 소속감, 외로움 등이 나타날지 모른다. 갑자기 활기를 띠는 사람도 있을 테고(손을 더 많이 사용한다거나 의자 끝에 걸터앉는다거나 목소리가 높아지는 등), 목이 메어 말을 잇지 못하거나 목소리가 낮아지거나 회상에 잠기는 사람도 있을 수 있다.

상대가 하는 말을 모두 받아 적을 수는 없을 것이다. 그렇지만 상대가 어떤 얘기를 하던 중에 시각적, 정서적 단서가 포착되었는지는 반드시 메모하라. 사소하게 보이는 이런 내용들이 나중에 공통의 실마리를 찾을 때는 중요한 역할을 할 수 있다.

더 깊이 파고드는 방법

• • •

사람들은 직설적인 사실 관계로 스토리를 시작하는 경우가 많다. 무슨 일이 있었고, 언제였고, 누가 있었고 하는 식으로 말이다. 질문을 받으면 누구나 자연스럽게 그런 식으로 이야기를 시작한다. 이런 세부 사항도 나중에 공유할 내용의 맥락이 된다는 점에서는 중요하지만, 그것만으로는 '왜?'를 찾기 힘들다. 왜냐하면 '왜?'는 감정과 연관된 것이기 때문이다.

공통된 감정이야말로 '왜?' 발견 과정에서 아주 중요한 부분이다. 우리는 상대가 당시에 느낀 감정과 기분을 표현할 수 있도록 도와야 한다. 일반적인 얘기를 해서는 감정과 연결되기가 아주 힘들다. 그렇기 때문에 상대가 공유할 스토리는 '아주 구체적'이어야 한다는 점을 다시 한 번 강조한다.

예를 들어 상대는 처음에는 이렇게 말할지도 모른다. "여름 방학 때마다 할아버지 댁에 갔어요. 정말 재미있었죠." 이 정도로는 파트너 입장에서 건져낼 게 별로 없다. 상대가 어느 특정 여름, 특정한 사건이나 대화를 떠올리게 만들어야 한다.

이야기의 첫 부분에 감정이 별로 묻어 있지 않다면 다음과 같은 말로 더 깊이 파보라. "할아버지 댁에서 보낸 많은 여름들 중에서 가장 인상 깊었던 때를 얘기해주세요."

상대가 실제로 더 구체적으로 말하도록 돕는 게 우리의 목표다. 다음의 진술처럼 말이다. "열세 살 때 여름이 생각나네요. 저는 이제 막 생일이 지나서 공식적으로 '10대'가 됐죠. 저는 정말 어른이 된 것 같았고, 그래서 어른들이 하는 일을 하고 싶었어요. 마당에서 할아버지와 일하던 게 기억나요. 할아버지가 제게 잔디 깎는 기계를 주셨는데, 저는 그게 마치 할아버지가 저를 신뢰해서 뭔가 중요한 걸 맡기는 기분이었어요. 뿌듯한 기분이 들었죠."

이 두 번째 진술에서는 탐구해볼 만한 사항이 훨씬 많아졌다.

파트너 팁

. . .

더 구체적으로 말해달라고 했을 때 상대가 일반적인 얘기를 시작한다거나 두루뭉술한 스토리로 답한다는 사실을 눈치채는 경우도 있다. 이럴 때 상대에게 친절을 베풀고 싶은 마음에 어물쩍 그대로 넘어가지는 마라. 그렇게 되면 상대는 '왜?'를 찾기가 더 어려워질 뿐이다. 또 아주 중요한 다음 과정인 '상대의 테마를 스토리와 다시 연결시키기' 작업도 훨씬 더 어려워진다.

기억하라. '왜?'는 '내가 어떤 사람이 되기를 열망하는가?'가 아니라 '나는 실제로 어떤 사람인가?'에 관한 이야기다.

상대가 그때의 경험으로 받은 느낌을 주저 없이 이야기하더라도 상대의 말을 액면 그대로 받아들이지는 마라. 더 분명하게 알아볼 수 있는 질문을 하라. 감정이 표현된다는 것은 종종 그 밑에 중요한 교훈이나 지금의 그 사람을 형성한 특별한 관계가 숨겨져 있음을 의미한다.

'감정'이 피어오르는 연기라면, '숨겨진 의미'는 그 아래 본질인 불이다. 연기가 나면 불도 있다.

구체적인 그 이야기가 왜 중요한지 이유를 찾을 때까지 추가 질문을 하는 것이 우리의 역할이다. 유용한 질문 몇 가지를 예로 들면 다음과 같다. (더 많은 질문의 예시는 부록을 참고하자)

- 그래서 기분이 어땠나요?
- 이 경험에서 당신이 정말로 좋아하는 점이 뭔가요?
- 아마 그런 감정을 전에도 느껴봤을 거예요. 그런데도 이 스토리가 특별한 이유는 뭔가요?

(예를 들어, 상대가 '자부심을 느꼈다'라고 말한다면, '다른 때에 느낀 자부심과 어떤 점이 다른가?'라고 물으면 된다.)

• 이 경험이 당신에게 어떤 영향을 주었나요? 이 경험 덕분에 당신은 어떤 사람이 됐나요?

• 아직까지도 간직하고 있는, 이 경험을 통해 얻은 교훈은 무엇인가요?

• 다른 이야기도 얼마든지 할 수 있었을 텐데 굳이 이 이야기를 꺼내게 된, 이 이야기만의 특별한 점은 무엇인가요?

• 스토리에서 유난히 눈에 띄는 사람이 있다면, 그 사람이 상대에게 어떤 영향을 주었는지 혹은 그 사람에 대해 상대가 특별히 좋아하거나 동경하는 점은 무엇인지 물어라.

상대가 일어난 사건보다 당시의 감정에 대해 더 많이 얘기하기 시작했다면 과정이 잘 진행되고 있는 것이다. 상대는 이런 식으로 말할 것이다.

"나도 그 일에 참여했다는 사실 자체가 정말 벅찼어요." "부모님의 기대를 저버렸다는 사실이 너무나 실망스러웠어요." 이런 고백은 더 깊이 파고들어야 한다. 예컨대 "뿌듯했다."라든가 "실망스러웠다."는 말이 무슨 뜻인지 물어야 한다. 나는 그 말뜻을 안다고 생각하지만 실제로 상대는 다른 의미였을 수도 있다. 그러니 다음과 같이 더 구체적인 얘기를 끌어낼 수 있는 질문을 하라.

- '정말 벅찼다.'는 게 무슨 뜻인지 얘기해주세요.
- 전에도 실망한 적은 있을 거예요. 그런데도 이렇게 긴 시간이 지나서까지 마음에 남을 만큼 그때의 실망감이 어떤 점에서 특별했는지 설명해주세요.

상대가 털어놓을 얘기는 따뜻하고 행복한 것이 아닐 수도 있다. 그게 정상이다. 우리는 긍정적인 경험뿐만 아니라 부정적 경험을 통해서도 많은 것을 배운다.

파트너로서 당신의 역할은 그 교훈들, 그리고 어쩌면 힘든 순간 속의 희망까지도 '볼 수 있게' 상대를 도와주는 것이다.

우리 팀과 함께 '왜?' 발견 과정을 진행했던 사람 중에 어린 시절 행복한 경험을 물었더니 끔찍한 유년기를 보냈다고 답한 사람이 있었다. 그녀는 아버지가 극도로 폭력적인 사람이었다고 회상했다. 하지만 이야기마다 그녀는 아버지로부터 여동생을 보호했다는 언급을 했다. 물론 그녀는 자신의 이야기 속에 그런 패턴이 있는지조차 몰랐다. 우리가 그토록 어두운 경험 속의 한줄기 긍정적 빛으로서 그 희망을 이야기하자 그녀는 돌연 울음을 터뜨렸다. 그녀가 오늘날과 같은 사람이 된 것은 어린 시절의 그 끔찍한 경험을 통해 스스로를 보호할 수 없는 사람을 보호하는 법을 배웠기 때문이었다.

행복한 기억이든 슬픈 기억이든, 기회의 이야기이든 고난의 이야기이든, 한 사람의 과거 스토리는 그 사람이 어떻게 지금과 같은 모습으로 존재하는지에 대한 근거다. 모든 길은 '왜?'로 통한다. 상대가 느낀 감정들의 테마를 잘 포착한다면 그 사람의 진실을 정말 잘 반영하는 '왜?' 선언문을 작성하는 일도 쉬워진다.

상대의 스토리를 들으며 반복되는 테마에 귀를 기울이는 것 말고도 집중해야 할 사항이 두 가지 더 있다. 바로 '기여'와 '영향력'을 찾는 것이다.

상대가 남들의 삶에 기여한 사항과 시간이 지나면서 그 기여가 미친 영향력은 최종적으로 '왜?' 선언문을 작성하는 데에 필요한 핵심 재료다.

우리는 다음과 같은 형식으로 '왜?' 선언문을 쓸 것이다.

_____ 함으로써 _____ 한다.

첫 번째 빈 칸이 '기여' 부분이고, 두 번째 빈 칸은 '영향력'이다. 예를 들어 《나는 왜 이 일을 하는가?》의 저자 사이먼 사이넥은 자신의 '왜?'를 이렇게 표현한다. '사람들이 자신에게 영감을 주는 일을 하도록 격려함으로써 다 함께 세상을 바꾼다.'

사이먼의 '기여'는 남들을 위해 그가 적극적으로 하는 일(사람들을 격려하려고 애쓰는 것)이다. 그의 '영향력'은 그런 기여가 이뤄졌을 때 실제로 일어나는 일(많은 사람이 협동하여 세상을 바꾸는 것)이다.

이 점을 염두에 두고 상대의 이야기에서 그가 남들에게 무엇을 주고 또 받는지를 찾아내라(기여). 그리고 그 점이 상대나 남들에게 어떤 변화를 일으켰는지 알아내라(영향력). 그러면 패턴이 보이기 시작할 테고, 그 패턴은 상대의 '왜?' 선언문에 들어갈 기여와 영향력 부분의 키워드가 될 것이다.

질문을 잘 하는 몇 가지 팁

• • •

사실 우리는 개인의 스토리에 대해 깊이 있게 질문하는 데에 익숙하지 않다. 하지만 우리는 이 익숙하지 않은 일을 해내기로 마음먹었다. 당신이 파트너로서 좋은 답변을 이끌어내는 질문을 할 수 있는 몇 가지 스킬을 알려주겠다.

첫째, 주관식으로 묻는다. 예 또는 아니오로 답할 수 없는 질문이 가장 좋다. 그러면 상대는 더 많은 정보를 내놓을 수밖에 없다. 종종 워크숍을 진행해보면 다음과 같이 질문하는 사람들이 있다. "그러면 화가 났겠네요? 맞죠?" 이 질문은 세 가지 이유에서 도움이 되지 않는다. 예 또는 아니오로 답할 수 있는 질문이고, 상대의 답을 내가 이미 안다고 생각하고 있고, 유도심문을 하고 있다. 심지어 상대가 내 말에 동의하고 있었더라도, 주관식의 질문을 받았다면 다른 답을 했을지도 모른다.

기억하라. 이 과정이 효과가 있으려면 우리는 상대의 저 깊숙한 본

질적인 곳을 들여다보면서 어떤 사람인지를 알아내야 한다. 내가 그를 어떻게 생각하는가는 중요하지 않다. 그러니 유도심문을 하지 말고 이렇게 말하라. "그래서 어떤 기분이 들었는지 좀 설명해주세요."

둘째, '왜'로 시작되는 질문은 하지 않는다. 어리둥절할 수도 있다. 우리가 지금 하고 있는 게 바로 '왜?' 발견 과정인데 그 왜를 묻지 말라니. 하지만 질문을 '왜'로 시작하면 아이러니하게도 답하기가 더 어려워진다.

보통 "그 이야기가 당신한테 왜 중요한가요?"라고 물으면 순간적으로 말문이 막힌다. 우리의 뇌에서 언어를 책임지는 부분이 아닌, 생각을 담당하는 부분이 바쁘게 움직이기 때문이다. 답하기 쉬운 질문은 '어떤'이나 '무슨'으로 시작하는 질문이다. 예컨대 "그 이야기의 어떤 면이 당신한테 정말로 중요한가요?"라고 물으면, 기본적으로 같은 질문이지만 답하기는 더 쉽다.

상대는 스토리에서 의미 있는 부분을 좀 더 구체적으로 이야기하게 되고, 결국에는 '왜?' 질문에 대한 답을 내놓게 된다. 실제로 두 가지 방식을 다 사용해보면 무슨 말인지 알 것이다.

셋째, 조용히 기다린다. 질문을 했는데 상대가 답을 찾지 못하고 끙끙댄다면 그대로 내버려둬라. 그 침묵을 메우도록 도와주고 싶은 마음이 들 수도 있겠지만 그러지 마라. 다른 질문, 답을 암시하는 말

등으로 침묵을 메우고 싶은 충동을 참아내라. 그리고 그냥 기다려라. 감정이란, 말로 똑똑히 표현하기가 어렵기 때문에 딱 맞는 단어를 찾으려면 상대는 시간이 좀 걸릴 수도 있다. 상대가 더 많은 얘기를 털어놓게 하고 싶을 때 때로는 침묵이 최선의 도구다. 이 도구를 사용하는 데 익숙해져라.

메모하는 법

· · ·

당신이 어떤 형식으로 메모를 하느냐에 따라 나중에 상대가 모든 것을 한데 엮을 때 정말로 큰 도움이 될 수 있다. 물론 당신이 원하는 방식대로 메모를 해도 크게 상관은 없지만, 우리가 겪어본 결과 아래와 같은 방식이 좀 더 유용했다. 참조가 되길 바란다. (구체적인 예시는 부록에 실었다.)

- 노트에 세로로 길게 줄을 긋는다.
- 왼쪽에는 스토리의 세부적인 사실관계를 적는다(예. 대학 졸업).
- 오른쪽에는 상대의 기분이나 감정, 혹은 이야기의 의미에 관한 상대의 해석을 집중적으로 적는다. (예. 부모님의 인정을 중시함)
- 오른쪽에 한 번 이상 떠오르는 단어나 문구, 언어적, 비언어적 단서도 적는다.

이렇게 메모를 구분해두면 중요한 내용은 모두 오른쪽에 쌓이기 때문에 나중에 검토하기도 쉽고 '왜?' 발견 과정에서 중요한 요소들을 알아보기도 쉽다.

여러 개의 스토리를 들으며 메모를 해보면 반복되는 테마나 단어, 문구, 생각 등이 눈에 띌 것이다. 그럴 때는 각 단어나 문구에 밑줄을 긋거나, 동그라미를 치거나, 체크 표시를 하자. 그러면 나중에 '왜?'와 연결될 테마들을 금세 알아볼 수 있다.

그리고 스토리 하나마다 오른쪽에 미리 '기여' 또는 '영향력'(둘 다도 상관없다)이라고 적어둬라. 이렇게 하면 상대가 무엇을 주고받았고 (기여) 그 일이 상대나 남들에게 어떤 영향을 미쳤는지(영향력) 분명히 파악한 후에 다음 스토리로 넘어가야 한다는 사실을 확실히 기억할 수 있다.

지금까지 최고의 파트너가 되는 데 도움이 될 만한 사항들을 자세히 설명했다. 이 과정이 상대에게는 정말로 중요한 문제이고, 그래서 당신에게 도움을 청했다는 사실을 기억해주기 바란다.

'왜?' 발견 과정의 파트너는 영광스러운 자리이다. 당신이 이 일을 하겠다고 했을 때는 상대를 도와주겠다는 열의뿐만 아니라 진정한 호기심도 분명히 있었을 것이다. 어쩌면 이 과정이 끝나고 나면 당신 자신의 '왜?'를 찾아 나서고 싶어질지도 모른다.

어디에서 시작할까

• • •

'왜?' 발견 과정을 진행할 장소로 내 사무실과 파트너의 사무실 중간쯤에 위치한 커피숍은 어떨까?

절대 안 된다. 두 사람은 아주 내밀한 대화를 나눠야 한다. 커피가 아무리 맛있다고 한들, 시끄럽고 한눈팔 거리가 수두룩하다면 대화는 더 힘들어질 뿐이다. 게다가 당신은 개인 정보를 다량 노출할 예정이다. 컴퓨터 화면을 보는 척하면서 누군가 엿들을지도 모를 장소에서 군이 그럴 필요가 있을까? 집중할 수 있고 개인적인 얘기를 크게 소리 내서 말해도 되는 장소를 골라라.

전화 통화나 영상 통화로도 이 작업을 할 수는 있지만 직접 만나서 이 작업을 진행할 것을 강력히 추천한다. 그래야 파트너가 나의 표정뿐 아니라 보디랭귀지까지 볼 수 있고, 같은 방에 있을 때만 알아챌 수 있는 다른 시각적 단서들도 포착하기 쉽다. 어쩔 수 없이 원격으로 이 과정을 진행할 수밖에 없다면 두 사람 모두 한눈 팔 일이 없는 조용한 장소를 골라라.

그리고 시간을 충분히 확보하자. 적어도 3시간 이상은 확보하는 것이 좋다. 그렇다. 큰 투자다. 하지만 달리 나의 '왜?'를 발견할 지름길은 없다. 이 과정을 '운동'이라고 생각하라. 시간 투자를 많이 할수록 얻는 것도 그만큼 크다. 속성으로 끝낼 수 있는 방법은 없다.

2장에서 본 것처럼 '왜?'를 발견하는 과정은 크게 스토리를 이야기하고, 테마를 확인하고, '왜?' 선언문의 초안을 쓰는 3단계로 이루어진다. 이 과정은 끊어서 진행하기보다 앉은 자리에서 3단계까지 모두 끝내는 것이 가장 효과가 좋다.

예를 들어 스토리 두세 개를 끝낸 후 중단했다가 며칠 후 다시 이어가려고 하면 다시 또 이야기를 꺼내놓을 분위기를 잡아야 한다. 실제로 우리는 3단계 전부를 방해 없이 한 번에 끝내라고 추천한다(물론 중간에 몇 번 쉬는 시간을 갖거나 스트레칭 정도는 할 수 있다).

스토리를 이야기한 직후 그 안에서 핵심 키워드를 찾아내는 것이 훨씬 수월하다. 마찬가지로 스토리에서 드러난 반복적 테마와 패턴이 기억에 생생할 때 곧바로 '왜?' 선언문을 작성하는 편이 더 쉽다.

잠시 전화기는 꺼두고 한눈 팔 거리들을 제거한 후 즐겁게 이 과정을 시작하자.

스토리 수집

• • •

파트너와 만나기 전에 약간의 준비가 필요하다.

'왜?'는 과거의 경험으로부터 탄생한다. '왜?'는 내가 자라는 동안 얻은 교훈과 경험, 가치관들의 총체다. 우리는 지금 자연스러운 최고의 모습일 때 내가 어떤 사람인지 밝혀줄 스토리를 찾는 중이다. 거기에 맞는 스토리들을 떠올리면서 메모를 해둬라. 그러면 나중에 파트너를 만났을 때 더 빨리 기억을 소환할 수 있다.

나의 '왜?'를 알려줄 스토리들을 수집할 때 참조할 만한 가이드라인을 몇 가지 소개하면 다음과 같다.

• 지금의 내가 완성되는데 정말로 큰 영향을 끼친, 내 인생 속 구체적 경험이나 인물들을 떠올려보라. 내 회사에 대한 아이디어가 떠올랐던 날처럼 누가 봐도 중요한 사건을 고를 수도 있고, 이전 직장의 상사와 함께 겪었던 결정적인 순간처럼 조금은 덜 중요한 사건을 선택할 수도 있다.

어떤 사건이 뭔가 의미가 있고, 내가 지금의 모습이 되는 데 도움을 주었고, 뭔가를 알려주거나 혹은 자랑스럽다면 그 사건을 메모하라. 내 인생에 가장 큰 영향을 미친 사람들을 떠올릴 때는 나에게 그토록 특별하게 남아 있는, 그 사람의 말이나 행동을 구체적으로 떠올리도록 노력하라.

• '왜?'는 과거로부터 나오고 그 과거란 태어났을 때부터 바로 어제까지다. 그러니 그 사이에 벌어진 일이라면 어떤 것이든 스토리로 선택해도 된다. 학교나 집, 직장 혹은 인생의 어느 부분에서 벌어진 일이건 상관없다.

기꺼이 다시 기억하고 싶은 행복한 사건을 떠올릴 수도 있지만, 다시는 겪고 싶지 않은 뼈아픈 에피소드가 생각날 수도 있다. 좋은 것이든, 나쁜 것이든, 지금의 내가 되는 데 이바지한 경험이라는 점에서는 모두 중요하다.

" 지금의 고생은
긴 성공에 이르기 위해 반드시 건너야 할
짧은 징검다리다."

Our struggles are the
short-term steps we
must take on our way
to long-term success.

스토리 수집 단계에서 우리의 목표는 내 인생에 가장 큰 영향을 끼쳤다고 생각하는 것을 5개 이상 찾아내는 것이다. 스토리가 많을수록 파트너가 '왜?'를 찾는 데 필요한 패턴이나 테마를 알아보기도 쉬워진다.

각각의 스토리는 구체적인 시간이나 장소 혹은 순간을 묘사해야 한다는 점을 명심하라. 스토리가 구체적일수록 그 기억과 관련된 감정을 더 많이 떠올릴 수 있다. 이런 정서적 연결이 나의 '왜?'를 찾도록 이끌어줄 것이다.

아무리 산발적인 스토리라도 모든 길은 결국 '왜?'로 통한다는 사실을 기억하자. 그러니 이 과정을 세팅하는 데에 너무 많은 시간과 노력을 들일 필요는 없다.

스토리는 시간 순으로 적어도 되고 무작위로 적어도 된다. 세부사항을 다 쓰려고 고민하지 마라. 간단히 한두 줄이면 충분하다. 구체적인 내용은 파트너에게 스토리를 공유할 때 얼마든지 이야기할 수 있고, 또 말하면서 새롭게 떠오르는 기억들을 추가해도 된다.

다음은 우리 팀이 사용하면서 유용하다고 느꼈던 스토리 수집법 두 가지이다.

방법 1: 봉우리와 골짜기

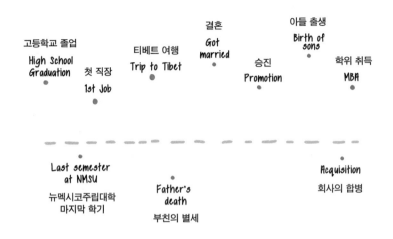

종이 가운데에 가로줄을 길게 긋는다. 위쪽에는 내가 행복한 기억이라고 생각하는 것들, 즉 꼭 한번 다시 돌아가고 싶은 순간들을 적는다. 아래쪽에는 굳이 다시 살고 싶지는 않지만 내 삶에 영향을 주었고 지금의 나를 만든 사건들을 적는다.

각 스토리를 몇 단어로 요약하며 표를 채워나간다. 가운데 줄로부터 더 높은 위치에 쓸수록 더 만족스럽고 긍정적인 기억이다. 가운데 줄로부터 더 낮게 쓸수록 더 힘들고 어려웠던 기억이다. 이렇게 하면 다양한 높낮이의 스토리들이 만들어진다.

파트너에게 이야기할 스토리를 고를 때는 윗면에서 가장 높은 것과 아랫면에서 가장 낮은 것을 선택한다. 그것들이 가장 많은 감정이 담긴 스토리인만큼 나의 '왜?'를 가장 분명히 알려줄 것이다.

노트에 적은 스토리 모두를 공유하게 되지는 않을 것이다. 또 파트너와 함께 이야기하는 도중에 다른 스토리가 즉흥적으로 생각나서 그것을 공유하게 될 수도 있다. 모두 좋은 일이다. 이 방법은 그저 스토리들이 생각나기 쉽게 만드는 출발점일 뿐이다.

방법 2: 기억을 일깨우는 데 도움이 되는 것들

갑자기 스토리를 생각해내기가 쉽지 않다면 이 방법을 사용하자. 아래의 글을 읽고 떠오르는 기억들을 적어보라. 세부적인 내용까지 다 쓰려고 고민할 필요는 없다. 그저 파트너에게 스토리를 공유할 때 생각날 만한 말을 한두 줄 적어두자.

- 내 인생에서 내가 지금과 같은 사람이 되도록 도와준 사람(코치, 멘토, 선생님, 가족)은 누구인가?
그 사람이 내가 가장 동경하는 면을 보여준 것은 구체적으로 언제 인가?(나와 관련된 것이나 혹은 다른 누군가와 관련된 것이냐는 중요하지 않다.)
그 사람의 말이나 행동에 나는 어떤 기분이 들었는가?
내가 지금과 같은 사람이 되는 데 도움을 준 다른 사람은 또 누가 있는가?
- 퇴근길에 '그 일은 공짜로라도 해줬을 거야'라고 느꼈던 날을 떠

올려보자. 그날 무슨 일이 있었는가?

- 다시는 겪고 싶지 않은, 직장에서의 최악의 날을 떠올려보자. 무슨 일이 있었는가?
- 어린 시절의 행복한 기억 중 가장 오래된 '구체적' 기억은 무엇인가?
- 학교에서 내가 정말 좋아했던 활동은 무엇인가?
- 인생의 방향이 완전히 달라졌음을 느꼈던 내 인생의 가장 결정적인 순간은 언제인가?
- 세상에 대한, 그리고 세상 속의 내 역할에 대한 생각을 바꿔놓은 사건은 무엇인가?
- 최선을 다해 누군가를 도와주고 나서 뭔가 중요한 일을 해낸 것처럼 이루 말할 수 없이 좋은 기분을 느꼈던 때는 언제인가?
- 내가 정말로 자랑스럽게 생각하는 나의 업적은 무엇인가? 그것과 관련된 사람이 있는가? 예컨대 나를 도와주고, 계속 응원해주고, 결승선에서 나를 기다리고 있던 사람은 누구였는가?

스토리 표나 목록이 완성되었다면 이제 파트너와 스토리를 공유할 준비가 된 것이다. 다시 한 번 말하지만 파트너를 만나기 전에는 내가 어떤 스토리를 골랐는지에 대해 지나치게 분석하지 마라.

파트너와 함께 작업을 하는 주된 이유 중 하나는 내가 볼 수 없는 의미를 알아보고, 객관적이고 열린 시각의 통찰을 제공할 사람이 필요하기 때문이다. 내 스토리들이 서로 어떻게 맞춰지는 것인지 미리부터 생각을 가지고 스토리텔링을 진행하게 되면 내 이론을 증명하는 식으로 이야기가 흐를 위험이 있다. 그러니 마음을 편하게 먹고 테마는 파트너가 찾도록 하라. 나는 스토리텔러일 뿐이고, 해석은 파트너가 한다.

파트너와 만나 무엇부터 이야기할지 모르겠다면, 내가 가진 스토리 중에서 가장 영향력이 큰 것 3가지에 동그라미를 친 뒤 파트너에게 그 스토리부터 먼저 이야기하자. 영향력이 가장 큰 스토리에 초점을 맞추면 비슷한 시기, 연속된 감정선상의 이야기를 묶어서 이야기하게 되는 오류를 피할 수 있다.

사소한 것의 중요성

• • •

많은 사람이 자신의 '왜?'를 찾으려면 뭔가 크고 중요한 사건을 얘기해야 한다고 생각한다. 그러나 실제로 워크숍을 진행해보면 절대 그렇지 않다. 사소하게 여겼던 작은 스토리가 인생의 '왜?'를 찾는 중요한 열쇠가 되는 경우가 많다.

데이비드가 '왜?' 발견 워크숍을 진행하며 겪었던 일을 들려주겠다. 이 사례가 특히 좋은 예인 이유는 파트너(데이비드)가 상대적으로 작아 보이는 스토리에서 중요한 단서를 찾아냈고 결국은 그것을 통해 상대가 자신의 '왜?'를 똑똑히 표현할 수 있게 되었기 때문이다.

'왜?'발견 과정에 참여한 토드는 농구선수로 전액 장학금을 받고 대학에 갔으나 약물과 알코올 중독으로 장학금을 상실했다. NBA 선수가 되기를 열망했던 토드에게 이 사건은 단순히 대학 생활만 끝장낸 것이 아니라, 그의 꿈과 정체성을 산산이 무너뜨린 커다란 사건이었다. 그는 술집에서 일하며 아직도 약물 및 알코올 중독과 싸우고 있었고, 이 워크숍에 참여했을 때는 자살까지 고민 중이었다.

- **토드**: 토요일 아침 일을 끝내고 운전을 해서 집으로 가고 있었어요. 길이 굽어진 곳이었죠. 작은 소녀가 길가에서 레모네이드를 팔고 있더라고요. 다른 날 같았으면 그냥 지나쳤을 거예요. 그런데 이 날은 무슨 이유에서였는지 그냥 차를 돌려가서 내가 가진 잔돈을 몽땅 그 아이에게 주고 싶더라고요. 말로는 설명할 수 없는 그런 충동이 일었어요.

저는 레모네이드 판매대 앞에 차를 세우고 한 잔에 얼마냐고 물었어요. "25센트요." 아이가 말하더군요. 그래서 한 잔 달라고 했어요. 아이는 레모네이드를 갖다 주려고 다시 판매대로 걸어갔어요. 그 사이 저는 제 차의 컵 홀더에 들어 있던 동전을 몽땅 꺼냈어요. 일하면서 받은 팁들을 죄다 거기 넣어 두었으니 한 40달러는 됐을 거예요.

아이가 저에게 레모네이드를 건넸고, 저는 그 작은 손바닥에 동전을 한 움큼 놓았어요. 그리고 또 한 움큼, 또 한 움큼. 그럴 때마다 아이의 눈이 점점 더 커지는 게 보였어요. 아이는 너무 신이 나서 집으로 달려 들어갔죠.

다시 운전을 해서 집으로 오는데 짐작이 가시겠지만 기분이 좋았어요. 그런데 그때 생각지도 못한 일이 일어났어요. 갑자기 어떤 감정이 휘몰아치는 거예요. 저는 걷잡을 수 없이 울기 시작했어요. 너무 많이 울어서 차를 길가에 세워야 할 정도였어요. 놀라운 일이었죠.

• **데이비드**: 와, 대단한 경험이네요. 그런데 과거에도 아마 울어본 적이 있을 거예요. 다른 이야기도 얼마든지 할 수 있었을 텐데, 굳이 이 이야기를 한 건 어떤 점 때문이죠?

• **토드**: 그게 제가 인생에서 처음으로 다른 누군가를 위해 무언가를 했다고 느낀 순간이거든요. 나부터 먼저 생각하지 않은 게 그때가 처음이니, 저한테는 정말 어마어마한 각성의 순간이었죠. 마치 제 영혼에 불을 지른 것 같았어요.

처음으로 내가 중요한 사람이라고 느껴졌어요. 남들도 자신이 중요하다고 느낄 수 있게 도와주고 싶은 마음이 정말 컸어요. 누구나 더 나은 사람이 될 수 있고, 더 많은 일을 할 수 있다는 걸 깨닫게 해주고 싶었어요. 그때부터 저는 제가 느낀 걸 세상과 공유하고 싶어졌어요.

'왜?' 발견 과정이 끝났을 때 데이비드는 토드의 중요한 스토리 대부분을 관통하는 실마리 하나를 찾아냈다. 레모네이드 파는 소녀에게 그랬던 것처럼 토드의 '왜?'는 '누군가의 가능성을 발견하고, 그들이 더 열심히 살 수 있게 동기를 찾아주는 것'이었다.

신기하게도 토드의 '왜?'는 그 자신에게도 적용됐다. 토드는 이 세상에서 자신만이 할 수 있는 일이 무엇인지 진지하게 고민하기 시작했고, 이것은 그가 더 열심히 사는 원동력이 되었다.

스토리 공유

• • •

준비는 끝났다. 이제 파트너와 함께 자리에 앉아 나의 '왜?'를 찾으면 된다. 나 자신에 관해 이렇게 많은 이야기를 털어놓는 게 불편하게 느껴질 수도 있다. 아주 개인적이고 사소한 영역까지 모두 공유하라는 뜻은 아니다. 너무 사적이어서 털어놓기 힘든 스토리가 있다면 얘기하지 마라. 그러나 공유하기로 마음먹은 스토리라면, 더 많은 것을 털어놓을수록 파트너가 중요한 패턴을 더 쉽게 알아볼 수 있음을 기억하라. 털어놓아도 된다고 생각하는 스토리만 털어놓되, 오픈하기로 마음먹은 것들에 대해서는 확실히 마음을 열어라.

나의 약한 모습을 보이는 것까지 허용해야만 이 과정이 효과가 있다. 과정이 진행되면서 '내가 이렇게까지 마음을 드러낼 수 있는 사람이었나?'하고 놀라게 될 지도 모른다.

이 과정의 핵심은 '구체성'이다. 이 점은 아무리 강조해도 지나치지 않다. 스토리 표나 목록을 만들 때 구체적인 사항은 걱정하지 말라고 했었다. 하지만 지금은 깊이 파고들 때다.

나의 스토리를 최대한 자세하게 이야기하라. '자세하게'라는 말은 그날의 기온이나 내가 입었던 옷을 말하라는 얘기가 아니다(물론 이런 것들이 스토리 내에서 특별히 중요한 경우에는 언급해야 한다). 이런 정보들도 어떤 맥락을 제공할 수는 있겠지만 우리가 정말로 관심을 갖는 정보는 피상적인 정보가 아니라 훨씬 더 깊숙한 내용이다.

감정이야말로 '왜?'의 핵심이기 때문에 기억과 함께 당시에 경험했던 깊숙한 감정까지 파고드는 것이 중요하다. 그러려면 일반적 진술로는 불가능하며 구체적인 스토리를 얘기해야 한다. 아래의 비교처럼 말이다.

- **일반적 진술**: 해마다 크리스마스가 되면 우리는 할아버지 댁에 갔다. 사랑하는 가족들에 둘러싸여 있는 것은 정말 기분 좋은 일이었다.
- **구체적 진술**: 해마다 크리스마스가 되면 우리는 할아버지 댁에 갔다. 특히 아홉 살 때 크리스마스를 잊을 수 없다.
그 날은 할아버지 생전의 마지막 크리스마스이기도 했다. 할아버지는 내 인생에 큰 힘이 되었다. 하지만 돌아가시기 전에도 할아버지가 그렇게 큰 힘이라는 사실을 내가 알고 있었는지 분명치 않다. 나는 할아버지와 아주 좋은 관계를 유지했지만 지금이 되어서야 할아버지의 흔적을 제대로 알겠다.

할아버지는 자신만의 스타일이 있는 과격하고 독특한 분이었다. 사람들은 할아버지가 이상하다고들 했지만 내 눈에 할아버지는 지극히 정상이었다. 소파에 할아버지와 단둘이 앉아 있던 기억이 난다. 나 역시 이상한 아이여서 학교에서는 다들 나를 괴짜라고 불렀다. 하지만 할아버지와 함께 있으면 불안할 것이 없었다.

할아버지와 함께 있으면 나는 내가 나인 것이, 남들과 다르다는 사실이 자랑스러웠다. 할아버지가 세상에서 가장 멋진 사람이라고 생각하면 나라는 이상한 아이에 대해서도 자신감이 생겼다.

이상한 할아버지가 그렇게 멋졌다면 나도 나인 것에 더 편안해져야 했다. 그래야 언젠가 내 아이나 손주들에게 똑같은 영향을 줄 수 있을 테니 말이다.

- **일반적 진술**: 어릴 때 나는 체조를 정말 사랑했다. 매일 4시간씩 연습을 하곤 했다. 힘들었지만 거기서 많은 것을 얻었다.
- **구체적 진술**: 어릴 때 나는 체조를 정말 사랑했다. 훈련 시간은 길고 힘들었다. 하루는 가장 독하게 훈련을 시키는 코치님과 우리 팀이 텀블링을 연습하고 있었다. 아무리 잘 해도 코치님은 좀처럼 만족하지 않았다. 그 분은 특히 나에게 혹독했다.

코치님은 늘 나를 못마땅해 하는 것만 같았다. 코치님은 항상 나를 벌주는 것만 같았고, 나에게만 유독 심하게 군다고 생각했다. 내가 아무리 열심히 노력해도 코치님의 기대에 미치지 못했다.

텀블링, 특히 트위스트 플립처럼 공중 돌기는 내가 잘하는 동작이 아니었다. 그래도 나는 그 동작을 계속 연습했다. 나도 충분히 잘한다는 것을 보여주기로 결심했기 때문이었다. 바로 그때 그 일이 벌어졌다. 지금도 어제 일처럼 생생하다.

내가 텀블링을 하고 나자 코치님은 내 옆에 무릎을 꿇고 앉아 나머지 아이들에게 이렇게 말했다. "바로 이렇게 하는 거야!" 나는 그렇게 자랑스러울 수가 없었다.

그 순간 나는 깨달았다. 코치님이 나에게 더 혹독했던 것은 내가 싫어서가 아니라 나를 믿기 때문이었다. 코치님이 나를 계속 몰아붙인 것은 내가 성실한 아이이고 해낼 수 있다는 것을 알고 있었기 때문이었다. 코치님은 말로 알려주는 대신에 내가 스스로 잠재력을 깨닫기를 바랐다.

'근성'이라는 게 뭔지 제대로 알게 된 것은 아마 그때였던 것 같다. 그날을 생각하면 나는 아직도 전율을 느낀다.

• **일반적 진술**: 나는 이곳저곳 떠돌아다니는 내 일을 사랑한다. 내가 여행한 곳 중에는 몇몇 매력적이지 못한 곳들도 있었지만 대부분은 아주 멋졌다. 어찌 되었든 나는 일을 통해 늘 흥미롭고 영감을 주는 사람들을 만나고 있다. 보수도 나쁘지 않다.

• **구체적 진술**: 나는 내 일을 사랑한다. 내 일은 이동이 잦기 때문에

평범한 직장보다 더 많은 경험을 할 수 있다. 나는 때로 근사한 곳들을 방문할 기회도 있고, 심지어 목적지가 그다지 매력적이지 않을 때조차 깊은 영감을 받는 일을 겪곤 했다.

한 번은 예정에 없던 도시를 방문한 일이 있었다. 특별할 것 없는 작은 시골 동네였다. 조금 실망한 나는 '좋을 때도 있고 나쁠 때도 있는 거지, 뭐.'라고 생각했다. 그런데 그곳에서 놀라운 사람을 만나게 되었다.

행사에서 만난 그는 근처 대학의 미식축구팀 코치였는데, 나에게 자신의 일하는 방식이 남들과 어떻게 다른지 굉장한 얘기들을 들려주었다.

그는 미식축구팀을 인력개발 및 리더십 양성 프로그램이라고 생각하고 운영했다. 대부분의 코치들은 승패에만 집착한다. 하지만 이 코치는 선수들의 성장을 가장 먼저 생각했다. 그는 팀이 승리해도 선수들이 거기에 연연하지 않게 했다. 또 패했을 때도 그것을 배움의 기회로 삼도록 피드백했다. 이런 방침은 선수들에게 어마어마한 영향을 주고 있었다. 팀 성적이 향상되었을 뿐만 아니라, 선수 대부분이 학교생활도 더 잘했고 가족관계 같은 개인적 인간관계도 더 좋아졌다. 모두 이 미식축구 코치 덕분이었다.

그가 들려준 얘기는 지금까지 내가 들었던 그 어떤 이야기보다 큰 감동을 주었다. 심지어 나는 스포츠팬도 아닌데 말이다.

일반적 진술과 구체적 진술의 요점은 같다. 하지만 구체적 스토리에서 표현되는 감정의 깊이가 훨씬 깊다는 것을 알 수 있다. 이야기를 깊이 파고들수록 당시에 느꼈던 감정도 되살아난다.

구체적 스토리를 공유할 때 파트너는 내가 설명하는 상황과 내가 다시 느끼고 있는 감정들을 메모할 것이다. 이 메모는 나중에 스토리의 소재와 정서적인 연관성을 확인할 때 유용하다. 우리의 목표는 그저 내가 한 일을 설명하는 것이 아니라 내가 누구인지 밝히는 것이기 때문에 이 작업은 매우 중요하다.

각 스토리를 이야기하는 데 최대한 많은 시간을 할애하라. 당초 목록에 없던 스토리를 이야기해도 된다. 스토리를 공유하는 동안 잊고 있던 경험이 생각난다면 그것도 이야기하자.

정해진 규칙은 없다. 준비한 스토리이든, 갑자기 떠오른 기억이든, 중요한 이야기라면 무엇이든 테마를 더 공고히 해주거나 새로운 사실을 알려줄 수 있다. 파트너에게 공유하는 스토리가 많아질수록 중요한 실마리를 찾아낼 데이터도 늘어난다. 그리고 중요한 실마리가 분명할수록 '왜?' 선언문도 더 정확해질 것이다.

테마 찾기

· · ·

'왜?' 발견 과정의 다음 단계는 '테마 확인'이다. 테마란 스토리에서 반복적으로 나타나는 생각이나 단어, 어구, 감정 같은 것이다. 이 단계는 파트너가 앞장서서 이끌어야 한다.

파트너는 객관성을 갖고 있다는 점을 잊지 마라. 우리 자신은 스토리와 너무 가깝기 때문에 그런 패턴을 알아보기가 힘들다. 우리가 나무를 묘사하느라 바쁠 때 파트너는 전체 숲을 더 잘 볼 수 있다.

자신의 '왜?'를 알고 싶어 하는 사람들 사이에서 자주 발견되는 모습이 있다. 바로 자신이 스토리텔러 겸 파트너, 이렇게 두 사람의 역할을 모두 소화할 수 있다고 생각하는 것이다.

그런 사람들은 자신의 스토리를 직접 분석해서 테마를 찾으려고 한다. 하지만 그런 식으로 성공하는 사람은 여태 한 번도 보지 못했다. 심지어 사이먼 사이넥조차 그의 '왜?'를 발견하려고 이런 기법들을 개발할 당시, 다른 사람에게 자신의 스토리를 듣고 중요한 실마리를 찾아달라고 부탁했었다.

다시 한 번 말하지만 파트너는 귀 기울여 듣고 기록할 뿐만 아니라 '객관성'이라는 강력한 무기를 가지고 워크숍에 임한다. 파트너는 해당 스토리를 처음 듣는 경우가 많고 개인사나 불안감, 자존심처럼 결과에 영향을 줄 수 있는 요소로부터 자유롭다. 파트너가 테마를 더 분명히 볼 수 있는 것도 그 때문이다.

쓸모없는 스토리란 없다. 마찬가지로 잘못된 테마도 없다. 같은 생각, 단어, 감정이 한 번 이상 나타난다면 기록하라. 스토리에서 뽑아내는 테마의 개수는 제한이 없다. 1~2개가 될 수도, 8개, 10개, 15개 이상이 될 수도 있다.

파트너와 우리가 지금 할 일은 그 모든 테마를 꼼꼼히 종이에 적는 것이다.

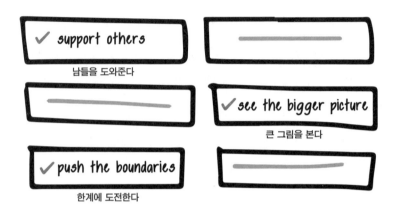

테마를 한 곳에 적고 나면 잠시 시간을 갖고 검토하자.

하나의 테마가 모든 스토리에 들어 있는 경우도 있다. 그러나 여러 가지 테마가 도출되어 혼란스러울 수도 있다. '생각'이었던 것이 테마가 되려면 적어도 아무 연관이 없어 보이는 스토리 2곳 이상에서 그 생각이 반복되어야 한다. 그러므로 파트너는 종이에 적힌 내용을 천천히 뜯어보면서 테마를 중심으로 스토리를 다시 검토할 필요가 있다.

테마를 모두 적고 나면 다른 것들보다 유난히 더 중요한 테마 한두 개에 동그라미를 쳐라. 그것들이 나에게 영감을 주거나, 나의 결정적

특징처럼 보이거나, 혹은 내가 가장 중요하게 생각하는 테마들이다.

다른 것보다 더 마음에 드는 테마가 있는가? 파트너에게 내가 이야기한 스토리를 바탕으로 어떤 테마가 더 중요해 보이는지 물어보라. 두 사람이 함께 나다운 '기여'라고 느껴지는 테마 하나와 그 '영향력'을 잘 포착하는 테마 하나를 선택하라. 그러면 이제 '왜?' 선언문의 초안을 쓸 준비가 된 것이다.

이 부분에서 의문을 가지는 사람이 있을 것이다. 그렇게 두 개의 테마만 '왜?' 선언문에 사용할 거라면 파트너가 내 스토리에 나오는 다른 테마들까지 몽땅 기록할 필요가 뭐가 있는가? 그리고 만약에 내가 정말로 좋아하는 테마가 '왜?' 선언문에 나타나지 않는다면 어떻게 하는가? 그런 테마들은 그냥 버리는 건가?

걱정마라. 파트너가 당신의 테마를 몽땅 기록한 데는 중요한 이유가 있다. 수집한 테마들은 그냥 버리지 않는다. 차차 알게될 테지만, 그런 테마는 당신의 '어떻게'가 될 것이다.

'왜?' 선언문 초안 작성

• • •

가장 중요한 테마들을 확인하고 나면 이제 그 테마들을 '왜?' 선언문 초안으로 바꿀 차례다. 앞서 이야기한 것처럼 '왜?' 선언문 초안은 다음과 같은 형태로 작성할 것을 권한다.

(기여) .... **함으로써**

(영향력) .... **한다.**

이것은 간단하면서도 실천 가능하고 또 남들에게 미치는 긍정적 영향에 초점을 맞출 수 있는 가장 쉬운 방법이다.

이 형식을 앞에 놓고 중요한 테마들을 마음속에 떠올리며 잠시 시간을 가져라. 그리고 나의 '왜?' 선언문 초안을 작성하라. 파트너도 똑같이 하되, 서로 독립적으로 작업하도록 한다. 처음에 이렇게 각자 따로 써보는 이유는 파트너와 내가 '왜?'를 다른 방식으로 표현할 수 있기 때문이다.

완벽한 단어가 되었든 혹은 기억하기 쉬운 문구가 되었든 약간 다른 버전의 '왜?' 선언문이 2개 있으면 실제로 아주 유용하다. 마치 쇼핑을 갈 때 친구를 데려가는 것과 비슷하다. 나는 별로 눈여겨보지 않았던 셔츠를 친구가 꺼냈는데, 입어보니 나에게 기막히게 잘 어울릴 때도 있지 않은가.

'왜?' 선언문을 작성하는 것은 각자 5분 정도면 충분하다. 이 단계에서는 너무 많이 생각할 필요가 없기 때문이다. 시간이 되면 파트너와 서로의 초안을 공유하라. '왜?' 선언문 두 개 중 하나를 골라도 되고 둘을 합해도 된다.

이 초안은 완벽하게 작성하는 것이 목표가 아니라는 점을 기억하

라. 우리의 목표는 대략적인 감을 잡고 뭔가 '느낌이 오는 것'을 찾아내는 것이다. '왜?' 선언문과 함께 시간을 보내고 숙고해보고 또 더 중요하게는 '실천'해보면서 단어는 다시 바뀔 수도 있다. 아니, 아마도 바뀔 것이다. 마지막 단계가 바로 그 과정이다.

'왜?' 선언문 다듬기

• • •

선언문 초안이 작성되면 '왜?' 발견 과정의 마지막 단계는 그 선언문을 테스트하고 다듬는 단계다. 여기에는 몇 가지 방법이 있다. '왜?' 선언문을 검증해보고 싶거나 수정을 위한 아이디어가 필요할 때 사용할 수 있는 방법 중 하나는 '친구 연습'이다.

먼저 친한 친구들의 목록을 만든다. 늘 곁에서 응원해주고, 필요하다면 새벽 2시에 전화를 걸어도 받아줄 친구들, 그리고 그들 역시 나에게 새벽 2시에 전화를 한다면 내가 받을 만큼 친한 친구들의 목록을 만든다. 그런 다음 아래의 지시대로 하면 된다.

친구 연습

• • •

한 번에 한 명씩 직접 만나서 해보는 것이 가장 효과가 좋다. 친구에게는 내가 밟고 있는 과정에 관해 약간의 배경 설명을 하고 도움을 청한다. 이 단계에서는 나의 '왜?'를 혼자만 알고 있도록 한다. 앞으로 나타날 친구의 반응에 영향을 주지 않기 위해서다.

먼저, "너는 나랑 왜 친구를 하니?"라고 물어본다. 친구가 이상한 눈으로 쳐다보더라도 놀라지 마라. 대부분의 친구들은 서로 이런 질문을 하지 않을 뿐만 아니라 이 질문은 생각보다 답하기가 쉽지 않다. 우정은 감정에 뿌리를 두고 있고, 알다시피 감정은 말로 표현하기가 어렵기 때문이다. 이 방법이 효과가 있으려면 두 사람 모두 약간의 불편을 느끼더라도 과정을 계속 따라가야 한다.

아이러니하게도 "왜"로 시작하는 질문은 실제로 우리를 '왜?'에 데려다주지 않는다. 그 이유는 "왜"로 시작하는 질문은 감정과 관련된 질문이고, 이는 곧 애매모호하거나 1차원적인 답을 이끌어내기 때문이다. 반면에 "어떤, 무슨"으로 시작하는 질문은 숙고를 거쳐 보다 정확한 답을 끌어낸다.

아까 했던 질문을 이번에는 "어떤, 무슨"으로 시작해서 다시 물어보라. "나의 어떤 점 때문에 너는 나랑 친구가 되기로 했어?" 이번에는 친구도 다음과 같은 답을 내놓을지 모른다. "몰라. 너를 좋아하는 거지. 믿을 수 있고. 취향도 같고. 둘이 정말 잘 맞잖아!" 논리적인 답변이다. 또 사실 대부분의 우정이 그런 것들을 기초로 하고 있다.

계속해서 더 파고들되, "왜"를 묻는 질문을 "어떤, 무슨"으로 시작하라. 예컨대 "왜 ○○○"라고 묻고 싶으면 "○○○의 어떤 면 때문에"로 물어라. 다음과 같이 말이다. "좋아. 네 말이 바로 친구가 뭔지를 보여주네! 그런데 특별히 나는 친구로서 어떤 점이 좋아?"

친구는 아마도 잠시 답을 찾으려 안간힘을 쓰다가 다시 또 아무 친구에게나 해당되는 몇 가지 특징을 말할 수도 있다.

이 과정이 지속되면 친구를 놓아주고 싶은 기분이 들겠지만, 그래도 계속하라. "그래, 하지만 특별히 나한테만 있는 건 뭔데?" 같은 질문으로 이성적인 대답 이상의 것이 나올 때까지 계속 몰아붙여라.

대화가 원하는 방향으로 잘 진행되고 있는지는 두 가지 반응을 통해 알 수 있다. 먼저, 친구가 말을 멈추고 천장이나 바닥을 바라보며 할 말을 완전히 잃은 것처럼 보이는 것이다. 이것은 친구가 나에 대한 감정을 떠올리며 적절한 단어를 찾느라 애쓰고 있다는 신호다. 그런데 내가 다른 질문이나 말로 침묵을 깨뜨린다면 아주 중요한 이 과정을 방해하는 것이다. 친구가 침묵 속에서 단어를 찾게 내버려둬라. 언젠가는 친구도 일반적인 설명에서 뭔가 구체적인 얘기로 넘어갈 것이다.

"우리는 유머 코드가 통하잖아." 같은 두루뭉술한 설명에서 다음과 같은 자세한 이야기로 넘어갈 수도 있다.

"네가 날 많이 웃게 해주니까. 그게 재미있기도 하지만 또 한편으로 그럴 때면 우리가 세상을 같은 방식으로 보고 있다는 사실을 깨닫게 되거든. 내가 지난주에 우리 부장이 무슨 얘기를 했는지 들려주면 너는 그걸로 농담을 하지. 그러면 나는 그냥 웃기만 하는 게 아니라, 미친 사람은 내가 아니라 우리 부장이라고 안심할 수 있게 돼."

그러고 나면 두 번째 힌트가 눈에 보인다. 바로 친구가 하는 이야기의 초점이 눈에 띄게 달라졌다는 점이다.

어느 시점이 되면 친구는 더 이상 나를 묘사하는 것을 그만두고 자기 자신을 묘사하는 것처럼 보이기 시작할 것이다. 위의 예에서도 "미친 사람은 내가 아니라 우리 부장이라고 안심할 수 있게 돼."라고 말했을 때 친구는 내 성격을 말하고 있는 것이 아니라 내가 친구에게 어떤 기분을 주는지, 나로 인해 친구가 어떤 점이 달라지는지를 말하고 있다. 다시 말해 친구는 특별히 내가 그의 삶에 기여하는 부분을 말로 표현하는 중이다.

친구가 하는 말로 인해 나에게 어떤 정서적 반응이 일어난다면 충분히 깊이 들어간 것이다. 어쩌면 소름이 돋거나 목이 멜 수도 있다. 내가 친구의 삶에서 차지하는 진정한 가치를 친구가 말로 표현했기 때문이다.

친구는 나의 '왜?'를 그 나름의 단어로 진술했다. 그리고 이 '왜?'는 언어가 아니라 감정을 통제하는 뇌 부위에 존재하기 때문에 나에게는 정서적 반응이 일어난다. 바로 이 부분이 중요한 터닝포인트다. 놀랍게도 우리는 스스로 깨닫지 못한 채 나의 '왜?'에 따라 살아왔다는 사실을 알게 된다.

친구 연습을 통해 드러난 테마와 패턴은 '왜?' 발견 과정에서 파트너와 내가 밝혀낸 테마나 패턴과 비슷할 가능성이 크다. 그런데 대화 도중 친구가 사용한 단어나 문구가 더 마음에 들 수도 있다. 그게 더 적합하다고 생각되면 그 단어들을 나의 '왜?' 선언문에 통합시켜라.

반대로 친구 연습에서 전혀 다른 테마가 발견되었다면 그것도 고려해 보아야 한다. 새로 나온 테마 중에 기존에 찾아놓은 테마보다 나에게 더 잘 어울리는 게 있는가? 만약에 그렇다면 파트너와 나는 그와 관련된 스토리를 더 깊이 파보아야 할 것이다.

시간을 두고 다듬기

. . .

친구 연습 외에 그냥 '왜?' 선언문을 며칠 묵혀두는 것 역시 도움이 될 수 있다. 방금 구운 케이크를 오븐에서 꺼내어 바로 잘라서 먹을 수 없듯, 차분해지고 안정될 시간을 가진 다음에 사용하기 시작해도 된다.

종종 '왜?' 선언문의 초안은 다소 포괄적으로 들릴 수도 있다. '왜?' 선언문을 묵혀두는 동안 혹시 나의 본모습을 더 잘 드러내고 내 감정을 더 온전히 포착하는 단어는 없는지 한 번 찾아보라. 가끔 우리는 장난으로 사람들에게 이렇게 묻곤 한다. '당신의 '왜?' 선언문을 타투로 몸에 새겨도 될 만큼 좋아하는가?' 만약 아니라고 대답한다면 내가 정말로 좋아하고 중요하게 느끼는 단어를 아직 못 찾은 것이다. '왜?' 선언문에 있는 단어들, 특히 '기여' 부분에 해당하는 단어들은 '정말로' 내 마음에 꼭 들어야 한다.

'왜?' 선언문을 다듬는 동안에도 다시 거꾸로 스토리를 참조하라. 그래야 '왜?' 선언문을 고치는 동안 선언문의 정확성이 희석되지 않을 수 있다. 우리의 최종 목표는 '왜?' 선언문을 더 '듣기 좋게' 만드는 게 아니라, 나에게 더 '잘 맞게' 다듬는 것이다.

'왜?' 선언문을 다듬는 데는 어느 정도의 시간이 걸릴까? 이 부분은 정말이지 일괄적으로 말할 수가 없다. 사람마다 다르기 때문이다. 나의 '왜?' 선언문에 완벽하게 들어맞는 단어를 찾으려면 몇 주 혹은 몇 달이 걸릴 수도 있다. 수정 작업을 한 번 할 수도 있고, 열 번 할 수도 있다. 사이먼사이넥의 팀원들조차 그랬다.

데이비드의 예를 들어보자. 데이비드가 맨 처음 만든 '왜?' 선언문은 아래와 같았다.

'긍정적 변화를 부추김으로써 사람들이 더 충만한 삶을 살게 만든다.'

이 선언문도 대략 맞는 얘기였지만 데이비드는 어쩐지 '충만한 삶'이라는 문구가 딱 맞는 표현 같지가 않았다. 뜻이 너무 넓기도 했고 데이비드에게는 다소 진부하게 느껴졌다. 그래서 데이비드는 시간을 내어 좀 더 깊이 파보았다. 데이비드는 다음과 같은 질문에 답해야 했다. '긍정적 변화를 부추길 때 실제로 나는 뭘 하지? 그리고 그때 충만한 삶이라는 게 무슨 의미지?' 데이비드는 생활하면서 이 '왜?' 선언문을 계속해서 입으로 말하고 실천해 보았다. 그러면서 '왜?' 선언문이 이전 버전보다 조금이라도 더 자신의 본모습에 가까워지게 계속 조금씩 수정을 가했다.

그렇게 수정을 거듭한 결과는 아래와 같았다.

'사람들이 앞으로 전진할 수 있게 도움으로써 그들이 세상에 흔적을 남기게 한다.'

데이비드는 자신이 택한 단어에 대해 더 깊이 생각해보면서 '사람들이 충만한 삶을 살도록 부추긴다'는 것이 무슨 뜻이었는지 깨닫게 됐다. 그것은 '사람들이 남들에게 긍정적인 영향을 더 많이 끼칠 수 있게, 하루하루 조금이라도 더 나은 사람이 되도록 도와준다'는 의미였다. 그래서 두 번째 버전에서는 '충만한 삶'을 더 구체적으로 정의할 수 있었다. 그 결과 지금 데이비드의 '왜?' 선언문은 처음의 선언문보다 더 강력해졌다.

데이비드의 경우처럼 다듬는 과정을 통해 '왜?' 선언문이 더 강력해지기도 한다. 하지만 다듬는다고 해서 '왜?' 선언문이 더 옳게 되거나 실천 가능성이 커지는 것은 아니다. 단어 선택이 완벽하지 않더라도 여전히 우리는 나의 '왜?' 선언문을 실천에 옮길 수 있다.

미국의 전 국무부장관 콜린 파월Colin Powell은 '30퍼센트의 정보만으로도 의사결정을 내릴 수 있다.'고 말했다.

실제로 '왜?' 선언문을 가지고 생활하다 보면 더 쉽게 완벽한 단어를 찾게 된다. 목표를 더 의식하게 되고 어떻게 하면 목표를 달성할지 계속 생각하기 때문이다. 그러니 나의 '왜?' 선언문이 완벽하지 않다고 불만족스러워하지 말고, 차분히 숙성의 시간을 보내라.

　하지만 너무 많은 시간을 보내지는 마라. 우리가 '왜?'를 찾는 이유는 완벽한 문장을 만들기 위함이 아닌, 나만의 '왜?'에 맞춰 살고, 행동하기 위해서니까 말이다.

4장

집단의 '왜?' 발견 과정

조직과 회사의 사명을 찾고 싶은 이들을 위한 방법론

FIND
YOUR
WHY

집단적 접근법은 어떤 그룹이 공통의 목적이나 신념을 한마디로 명확하게 표현하고 싶을 때 활용할 수 있도록 구성되어 있다. 당신이 속한 조직이 최고의 상태에서 어떤 모습으로 세상에 존재할지 말로 표현하는 것이 목표이다. 여기서 '집단'이란 공통의 가치관이나 신념을 중심으로 모인 모든 단체를 칭한다. 그 집단은 기업 전체일 수도 있고 소규모 팀일 수도 있다.

조직 내의 위치에 따라 나의 집단은 달리 볼 수 있다. 내가 만약 어느 회사의 CEO라면 사내에서 일하는 모든 사람이 나의 집단이 된다. 내가 사업부장이라면 내 사업부에서 일하는 사람들이 내 집단의 일원이다. 팀의 리더나 팀원이라면 팀이 곧 나의 집단이다.

내가 속한 조직의 구조가 선명하게 정의되어 있지 않다면 '느낌이

오는 대로' 따라라. 한 사람이 하나 이상의 여러 개 집단에 속할 수도 있다. 중요한 것은 집단이란 '나 스스로 내가 속한다고 느끼는 곳'이라는 점이다.

머리가 복잡한가? 많은 사람들이 내가 속한 집단을 어디까지로 규정해야 하는지 헷갈려한다. 이럴 때 유용한 개념이 가장 작은 단위의 집단인 '둥지의 왜?'이다.

둥지의 '왜?'

• • •

모든 조직에는 '왜?'가 있다. 그리고 조직 내에는 팀이 있다. 큰 그룹 내에 존재하는 하위문화가 있는 것이다. 전체에 속한 각 부분마다 각자의 '왜?'가 존재하는데, 이것을 우리는 '둥지의 왜?'라고 부른다.

'둥지의 왜?'는 조직 내부의 하위 그룹을 규정짓는 목적이나 대의, 신념이다. 조직의 '왜?'가 회사 전체가 나아갈 방향을 제시한다면 '둥지의 왜?'는 그 일원으로서 우리 팀의 존재 이유를 알려준다.

팀에 속한 사람들은 각자 자신만의 '왜?', 즉 개인의 '왜?'가 있다. 우리는 기업 문화가 잘 맞고, 가치관을 공유하고, 비전을 믿는 회사에서 일하는 것을 목표로 한다. 또한 내가 쓸모 있고 소중히 여겨지는 팀에서 일하려고 한다. 때문에 내가 속한 가장 작은 단위의 조직인 둥지의 '왜?'를 찾고 공유하는 것은 매우 중요하다.

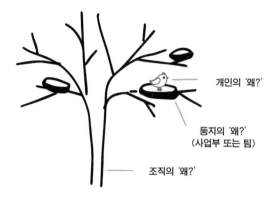

개인의 '왜?'

둥지의 '왜?'
(사업부 또는 팀)

조직의 '왜?'

둥지의 '왜?'를 정확히 말로 표현해야 하는 이유는 무엇일까? 사람들에게 정체성과 소속감을 주기 위해서다. 둥지의 '왜?'가 있으면 팀원이나 그룹원들은 매일 함께 일하는 사람들과 스스로를 동일시할 수 있고, 독립된 그룹으로서 더 큰 비전을 위해 자신들이 어떤 '기여'를 하고 있는지 이해할 수 있다.

조직 전체의 '왜?'와 둥지의 '왜?'

• • •

조직 전체를 나무라고 생각해보자. 나무의 뿌리와 줄기는 조직의 기원과 토대를 상징한다. 그리고 나뭇가지들은 조직의 사업부나 부서다. 가지 위에는 둥지가 만들어져 있다. 이 둥지들이 나무의 하위 문화 내지는 팀이다. 둥지에는 나무의 가족인 새가 산다.

개인을 새라고 본다면, 우리의 목표는 나의 '왜?'를 잘 알아서 딱 맞는 나무와 딱 맞는 둥지를 더 쉽게 찾아내는 것이다. 반면 한 조직의 목표는 딱 맞는 새들을 유인해 나무에 둥지를 짓게 하는 것이다. 기업 내 각 팀의 목표는 둥지마다 딱 맞는 새들이 들어앉게 하는 것이다. 함께 일했을 때 가장 좋은 효과를 내고 조직의 더 높은 목적과 대의에 기여할 수 있는, 나무의 '왜?'에 동의하는 새들 말이다.

미합중국은 '왜?'를 갖고 있다. 하지만 뉴욕 주나 플로리다 주도 '왜?'를 갖고 있다. 각 주의 '왜?'는 미합중국이라는 더 큰 조직의 '왜?'와 궤를 같이 한다. 하지만 만약 당신이 미합중국에 살고 싶다면 어느 주에서 일하며 살고 싶은지, 나와 맞는 '왜?'를 가진 곳이 어디인지 신중하게 따져봐야 한다.

딱 맞는 회사는 찾았지만 둥지를 잘못 찾은 사람도 있을 수 있다. 이렇게 되면 성과도, 사기도, 자신감도 떨어진다. 사람들이 어느 도시에 살아야 할지, 어느 둥지에 들어가야 할지 혹은 어느 그룹이나 팀, 하위문화에 속해야 가장 잘 맞을지 깨닫게 도와주는 일은 개인과 조직의 성장에 매우 중요하다.

어떤 회사들은 회사에 가장 잘 맞는 사람들을 유인하고 채용하기 위해 아주 과학적인 방법을 쓴다. 하지만 그 사람이 어느 부서에 가야 자연스러운 최고의 모습을 발휘할 수 있을지 알아내는 일이야말로 대단한 기교를 요구한다. 단순히 회사에 잘 맞는 사람을 채용하는 것만으로는 충분치 않다. 그 사람이 사내 어디에서 일할 때 최고의 퍼포먼스를 낼 수 있고, 조직에 기여하고 있다고 느낄지 알아내는 일

역시 중요하다. 어쩌면 후자가 더 중요할 수도 있다.

우리는 '왜?'를 아주 흐릿하게만 알고 있는 회사들과도 작업해본 적이 있다. 회사의 경영진이 목적이나 대의, 신념과 같은 '추상적' 개념에 관심이 없어 무시한 경우였다. 그러나 그 회사 일부 하위 그룹의 리더들은 이런 개념을 중시했고, 시간을 내어 자기네 그룹의 '둥지의 왜?'를 찾아 분명한 언어로 표현하기로 했다.

짐작이 가겠지만 이런 그룹들이 보통 직원의 사기도 가장 높고 생산성도 좋으며 혁신적이고 이직률은 낮다. 시간이 지나면 이런 그룹이 사내에서 가장 실적 좋은 그룹이 된다.

개인의 '왜?'는 둥지와 조직의 '왜?'와
어떻게 상호작용해야 하는가?

• • •

사이먼 사이넥의 '왜?'는 다음과 같다. '사람들이 자신에게 영감을 주는 일을 하도록 격려함으로써 다 함께 세상을 바꾼다.' 사이먼의 '왜?'는 곧 우리 회사의 '왜?'이고, 우리 모두는 이 '왜?'를 믿고 적극 받아들인다. 실제로 이 '왜?'는 우리 구성원들이 공유하는 비전의 토대를 이룬다.

그 비전이란 대다수의 사람이 아침마다 출근하고 싶다는 기분으로 일어나고, 회사에서는 불안해하지 않고, 집으로 돌아갈 때는 자신이 한 일에 성취감을 느낄 수 있는 세상을 만드는 것이다. 회사 내의 하위그룹인 피터와 데이비드 팀은 같은 맥락이지만 좀 더 구체적인 '둥지의 왜?'를 가지고 있다.

'무엇이 가능한지 밝혀줌으로써 다 함께 세상을 바꾼다.' 이것이 피터와 데이비드 팀이 회사의 더 높은 목적을 위해 기여하는 부분이다. 사이먼의 책이나 강연, 워크숍은 아주 큰 감동을 준다. 그리고 피터와 데이비드는 '왜?' 찾기 워크숍에 참석한 사람들이 구체적인 방법론을 찾을 수 있도록 강의나 워크숍을 진행한다. 이 책을 집필하는 것 역시 같은 맥락의 일이다.

이 책은 사이먼이 말하는 일들을 실제로 어떻게 할 것인지 밝히는 데 좀 더 초점이 맞춰져 있다. 이것은 우연이 아니다. 이 부분이 바로 우리 둥지의 '목적'이기 때문이다. 우리 둥지의 소속원들은 사이먼이 말하는 내용의 실천 방법을 더 많은 사람들에게 알리기 위해 매일 아침 출근을 한다. 우리는 그런 식으로 회사의 목적에 기여한다.

한 단계 더 나아가보자. 둥지의 '왜?'는 우리 팀원 전체가 공유하고 있다. 하지만 우리는 그 둥지 안에 있는 개인이기도 하다. 우리 팀의 '왜?'를 위해서 우리 각자가 하고 있는 '기여'들이 있다. 그러니 팀 내에서 팀원들은 저마다의 개인적 '왜?'를 갖고 있는 셈이다.

피터가 하는 일은 모두 '사람들이 탁월해지게 만듦으로써 그들이 탁월한 일을 할 수 있게' 하려는 것이다. 데이비드는 '사람들이 앞으로 전진할 수 있게 도움으로써 그들이 세상에 흔적을 남기게 하기' 위해 일한다. 우리는 둘 다 우리 회사의 '왜?'를 보완한다. 그렇게 우리의 비전을 현실로 만드는 방법을 정확히 보여주는 데에 집중한다. 말하자면 우리는 사이먼이 피운 작은 불씨 하나에 빛을 내고 부채질 하는 일을 하고 있다.

우리 회사의 직원들은 개개인이 모두 자신의 개인적 '왜?'와 팀을 위한 둥지의 '왜?', 그리고 우리 모두가 추구하는 공동의 비전을 알고 있다.

조직 전체의 '왜?'를 발견하기 위한 집단 워크숍을 준비할 때 몇 가지 고려할 사항이 있다.

- 설립자가 조직에 남아 있다면 설립자 개인의 '왜?' 발견 과정을 먼저 거치는 것이 훌륭한 출발점이 될 수 있다. 해당 조직을 설립 한 것은 설립자가 자신의 '왜?'를 실천하기 위해서 했던 일 중 하 나이기 때문이다.
그의 개인적 '왜?'를 먼저 똑똑히 말로 표현하고 나면 앞뒤 맥락을 파악할 수 있고 더 큰 조직의 '왜?'도 대략 감을 잡을 수 있다. 우리 팀은 설립자 개인의 '왜?' 발견 과정을 먼저 실시한 다음 더 큰 그 룹에 집단적 접근법을 사용하는 실험을 몇 번 해보았는데, 조직 문 화가 공고한 경우에는 소름이 끼칠 만큼 결과가 비슷했다.
- 만약 설립자가 한 명 이상이라면, 비전을 세운 사람을 선택하라. 기업은 짝을 지어 설립되는 경우가 많다.

• 회사의 설립자가 더 이상 생존하지 않거나 자문을 구할 수 없는 상태라면, 집단적 접근법이 조직의 '왜?'를 발견 또는 재발견하는 최선의 방법이다.

다음은 하위 그룹이 '둥지의 왜?'를 똑똑히 표현하기 위해 집단의 '왜?' 발견 과정을 실시할 때 참조할 만한 상황이다.

• 팀이나 사업부가 '둥지의 왜?'를 발견하면 이미 분명하게 표현되어 있는 기업의 '왜?'를 보완하면서 더 잘 연결될 수 있다고 생각할 때가 있다. 이럴 때는 '둥지의 왜?'가 언제나 조직의 '왜?'에 종속된다는 사실을 기억해야 한다.

만약 하위그룹이 회사 내에서 자신들이 존재하는 이유를 고려하지 않고 독립적으로 '둥지의 왜?'를 생각해내려고 한다면 회사의 나머지 조직과는 목적이 어긋나는 결과를 가져올 수 있다. 그렇게 되면 혼란이 초래될 것이다. '둥지의 왜?'는 항상 그보다 상위에 있는 '왜?'를 보완하는 역할이어야 한다.

• 예외도 있다. 위계 서열의 제일 꼭대기에 있는 사람들이 기업 전체의 '왜?'를 똑똑히 말로 표현하는 데 관심이 없어서 조직 내 사업부나, 중간 관리자가 하위그룹의 '왜?'를 찾으려고 할 때다.

만약 더 큰 조직이 정말로 길을 잃어서 '왜?'에 대한 분명한 개념도 없이 사업을 하고 있다면, 그리고 고위 지도부에서는 '왜?' 발견 과정을 밟을 마음이 전혀 없다면, 어느 팀의 리더 혹은 팀원이 나설 수 있다. 이상적인 상황은 아니지만 이런 해결책을 통해 다른 그룹들도 자극을 받음으로써 그 뒤를 따르고, 결국에는 '꼬리가 몸통을 흔드는 격'으로 기업 전체가 그 뒤를 따라오는 경우도 우리는 목격한 적이 있다.

• 심각하게 제 기능을 못하고 있는 조직(아마도 인수합병이나 다른 어떤 사건의 영향으로)은 자연스러운 최고의 상태가 아니다. 그런 조직은 아마도 통일된 목적 개념 없이, 개인들이나 부서 이기주의에 빠진 하위그룹이 자기네 이익만 추구하고 있을 가능성이 크다.

이런 상황에서는 아직까지 강한 리더십과 건강한 조직 문화를 유지하고 있는, 조직 내의 소규모 그룹이 먼저 집단적 접근법을 실시하기를 권한다. 소그룹이 '왜?'를 똑똑히 표현하는 과정을 지켜보는 다른 구성원들이 자발적으로 변화함으로써 꼬리가 몸통을 흔드는 계기를 만들 수 있다.

조직 내 하위그룹이 '왜?' 발견 과정을 통해 '둥지의 왜?'를 발견하면 대부분 조직 전체가 '왜?'를 찾고 싶다는 열망을 가지게 된다. 어느 사업부가 자체 '왜?'에 기초해서 생각하고 행동하고 소통하기 시작하면 좋은 일들이 많이 벌어진다. 실적이 향상되고 혁신이 일어나고 이직률이 떨어진다. 그러면 고위 경영진도 이런 변화를 알아보게 된다. 다른 사업부의 직원들 역시 그런 변화를 눈치 챈다. 왜냐하면

'왜?' 그룹에 속한 사람들이 이전보다 출근을 즐거워하기 때문이다.

우리가 글로벌 기업의 어느 작은 사업부에서 집단의 '왜?' 발견 과정을 진행했을 때도 해당 회사의 다른 부서 여기저기서 전화가 걸려와 그 사업부에서 일할 수 있는지 물었다고 한다. 이런 식으로 꼬리가 몸통을 흔들 수 있다. 의욕적이고 적극적인 직원들이 속한 소규모 그룹이 조직 전체에 긍정적 영향을 미칠 수 있다.

하지만 조직 문화가 너무 취약해서 집단의 '왜?' 발견 과정을 진행할 만한 하위그룹이 전혀 없을 수도 있다. 이런 경우에는 비전을 가진 강력한 리더십만이 기울어진 배를 바로 세울 수 있다. 꼭 설립자가 아니더라도 강한 리더라면 '왜?'가 없는 회사에 목적 개념을 부여할 수 있다.

'왜?'가 아예 없던 곳에 '왜?'를 만들어주는 것은 기존의 '왜?'를 바꾸는 것과는 전혀 다르다. 회사의 '왜?'는 문화적 표준과 공통의 가치, 강력한 관계들로 구성된다. 새로운 리더가 왔다고 해서 이런 것들을 손바닥 뒤집듯 바꿀 수는 없다.

오랜 세월 오용과 남용에 의해 회사의 '왜?'가 완전히 파괴된 상태라면 리더는 새로운 '왜?'를 제시해야 한다. 이런 경우 최상의 시나리오는 리더 자신이 개인의 '왜?' 발견 과정을 완수하는 것이다. 그런 다음 그 '왜?'에 기초해서 회사를 이끈다면 거기서 영감을 얻는 다른 사람들도 뒤를 따를 것이다.

흔한 경우는 아니지만 완전히 망가져서 제 기능을 못하고 있는 조직도 몇몇 본 적이 있다. 그런 곳은 공포와 불신, 과대망상과 이기주의가 판을 친다. 이런 곳에서 '왜?' 발견 과정을 진행하면 사람들이 자신의 실망감과 선입견, 불만 등을 단순히 토로하는 자리로 변질된다. 그래서는 아무것도 달라지지 않는다.

이런 기업에게는 독립적 진행자나 컨설턴트를 도입하라고 조언한다. 기업의 리더가 이들의 도움을 받아 수많은 문제의 기저에 있는 원인을 확인하라고 말이다. 심층 분석이 끝나야만 효과적으로 '왜?' 발견 과정을 진행할 수 있는 여건이 마련될 것이다.

이런 사전 작업이 없는 '왜?' 발견 과정은 실패할 수밖에 없다. 그리고 한 번 실패하고 나면 두 번째 시도하여 성공하기는 지극히 어렵다. 깊숙하게 자리한 문제들부터 처리한 후에 처음부터 성공하도록 차근차근 준비하는 편이 훨씬 쉽다.

스토리를 통해 '왜?'를 찾는다

• • •

피터는 집단의 '왜?' 발견 과정을 라마르조코La Marzocco라는 회사와 진행한 적이 있다. 최초 설립자들은 이미 돌아가셨기 때문에 워크숍을 시작하기 전 피터는 경영진의 몇몇 리더와 함께 회사의 역사에 관한 이야기를 나눴다.

라마르조코는 1927년 이탈리아 피렌체에 설립되었다. 지우세페 밤비와 브루노 밤비가 수작업으로 에스프레소 머신을 만든 것이 시작이었다. 이후 수십 년간 회사는 헌신적인 장인들을 채용했고 이들은 업계 혁신의 모델이 되었다. 전 세계 전문 커피점과 커피 애호가들이 구매하는 라마르조코의 에스프레소 머신은 아직도 수작업으로 만들어지며 하나하나 제조자의 서명이 들어간다.

피터는 워크숍에서 집단적 접근법을 사용했다. 직원들은 하나의 조직으로서 라마르조코에 대해 느끼는 자부심을 분명한 말로 표현해보려고 애썼고 수많은 스토리를 들려주었다. 직원 중 한 명은 이렇게 말하기도 했다.

"저희는 에스프레소 머신계의 롤스로이스예요. 할리 데이비슨에 맞먹는 추종자가 있고요."

직원들은 자사 제품에 대해 믿기지 않을 만큼의 자부심을 갖고 있었다. 그리고 고광택 스테인리스 스틸 외장제처럼 보이지 않는 부분에까지 자신들이 얼마나 많은 주의를 기울이고 있는지 열심히 설명했다.

직원들은 고객 역시 자신들과 똑같이 열성적이라는 사실을 구체적인 스토리를 통해 들려주었다. 주문 제작부서의 팀원들은 개인 고객의 취향에 맞춰 커피 머신을 색칠하고 장식한 이야기를 들려주었다. 심지어 고객 중에는 이 회사의 로고를 팔에 타투로 새긴 사람도 있다고 했다.

피터는 라마르조코가 전 세계적으로 고객과 직원에게 똑같이 무언가 의미 있는 것을 표상한다는 사실을 분명히 알 수 있었다. 다만 어려운 부분은 그 감정을 말로 표현하는 일이었다.

피터는 워크숍 참석자들에게 더 깊이 파고들어보라고 독려했다.

"라마르조코는 커피 머신을 만듭니다. 이게 회사의 '무엇을'입니다. 하지만 그게 전부는 아니죠. 라마르조코는 단순히 기계의 버튼을 누르고 플라스틱 컵이 떨어지는 것을 보고 컴퓨터 프로그램이 그 컵을 채우기를 기다리는 그런 제품이 아닙니다. 아까 바리스타가 원두의 종류와 로스팅 정도를 설명한다는 이야기를 할 때 우리는 분명 무언가에 가까워지고 있었습니다. 커피 머신 주인들에 관한 이야기를 할 때도 저는 강한 에너지를 느꼈습니다. 개인이든 회사든 커피 머신 주인들은 대단한 열정과 주의를 기울여 라마르조코의 머신을 사용하고 있습니다. 라마르조코의 직원들이 기계를 제조할 때처럼 말이죠. 뭔가가 더 있어요. 계속 한 번 해봅시다."

그때 직원 한 명이 손을 들더니 라마르조코가 지향하는 바를 잘 보여준다고 생각하는 이야기를 공유해주었다.

라마르조코는 커피 관련 행사도 후원하는데, 리더십이나 지역 공동체, 지속가능성 같은 주제를 가진 행사들이었다. 그는 밀라노 어느 호텔에서 있었던 이벤트 이야기를 들려주었다.

회사는 그 호텔에서 탄자니아의 커피 재배 마을을 촬영한 사진 전시회를 개최했다. 그는 라마르조코가 고객과 협력사들만 초대한 것이 아니라 경쟁사들까지 초대했다고 말했다. 초청 DJ는 시애틀에서 라디오 방송을 하는 사람이었는데 그 사람을 선택한 이유는 그가 음악을 통해 글로벌 커뮤니티를 육성한다는 미션을 갖고 있기 때문이었다. 그리고 물론 그 자리에는 커피도 있었다. 그는 이 행사가 강력했던 것은 사람들이 함께 대화를 나누고 서로 연결될 기회가 아주 많았기 때문이라고 했다.

그의 이야기가 끝나자 다른 팀원이 받아서 이렇게 말했다.

"라마르조코는 사람들이 커피 한 잔을 놓고 둘러앉아 하나가 되는 순간을 위한 회사예요. 사람들을 한 자리에 모으고 인생을 음미하게 해주죠."

이 말이 끝나자 여기저기서 동의하는 소리가 들렸다. 두 손을 번쩍 드는 사람도 있었고 박수를 치는 사람도 있었다.

워크숍 마지막에 직원들은 회사의 '왜?' 선언문을 읽었다. 라마르조코에 관해 이야기된 모든 것들이 서로 연결되어 의미를 갖는 순간이었다.

'인간관계를 촉진함으로써 타인들의 삶을 풍요롭게 만든다.'

그렇다. 라마르조코는 커피 머신을 만든다. 그게 그들의 '무엇을'이다. 하지만 그들이 그렇게 하는 데는 훨씬 더 인간적인 이유가 있다. 라마르조코는 사람들을 한 자리에 모으는 데 대단한 관심을 갖고 있었다. 그게 그들의 '대의'였고, 커피 머신은 그런 대의를 추구하기 위해 우연히도 그들이 찾아낸 사업일 뿐이었다.

'왜' 발견 과정 준비하기

• • •

이제 나의 집단이 누구인지 분명해졌으니 내 집단을 위한 '왜?' 발견 워크숍을 준비할 차례다. 워크숍 준비는 아래와 같은 순서로 해나가면 된다.

진행자를 찾는다 ⇨ **세션을 준비한다** ⇨ **참석자를 초대한다**

1단계: 진행자를 찾는다

집단적 접근법에는 진행자가 필요하다. 이 역할을 맡기에 가장 좋은 사람은 회사가 신뢰할 수 있고 회사를 도우려는 열의가 있는 사람이다. 선천적으로 호기심이 강하며 질문을 파고들 수 있는 사람이라면 더욱 좋다.

전문적 진행자를 섭외한다면 경험도 있고 자신감도 있겠으나 반드시 전문가가 있어야 이 과정이 성공할 수 있는 것은 아니다. 경험 많은 진행자가 아니거나 그런 사람을 찾지 못하더라도 걱정하지 마라! 누구나 그 중요한 역할을 성공적으로 수행할 수 있도록 이 책이 도와줄 것이다.

진행자는 객관적이어야 한다. 그러니 약간은 거리가 있고 전체를 볼 수 있는 사람을 생각해보라. 예를 들면 회사의 설립에 관여하지 않았고 오랫동안 임원을 지내지 않은 아웃사이더 같은 사람 말이다. 이렇게 하면 진행자를 통해 의도치 않은 선입견이나 편견이 '왜?' 발견 과정에 개입되는 일을 방지할 수 있다. 다시 말해 '적게 아는' 사람이 더 좋을 때도 있다. 또 객관적인 진행자여야 이 과정에 '참여'하는 것이 아니라 과정을 '진행'할 수 있을 것이다.

한편 외부에서 사람을 데려오는 게 실제로 가능하지 않거나 비실용적인 경우도 있다. 만약 그런 경우라면 동료 중 한 명을 골라 진행자로 활동하게 하거나 당신이 직접 진행자 역할을 해도 된다.

누가 되었든 '왜?' 발견 과정의 토대를 잘 이해하기만 하면 된다. 즉 '왜?'는 '발견'되는 것이지 '창조'되는 게 아니라는 점과 '왜?' 발견 과정은 '열망'을 담는 게 아니라는 사실만 분명히 알면 된다.

'왜?' 발견 과정은 브랜드 이미지 작업이나 마케팅 활동도 아니다. 그런 식으로 '왜?' 발견 과정에 접근했다가는 강한 설득력을 갖는 진짜 '왜?'를 결코 발견할 수 없을 것이다. '왜?'는 '지금 우리 회사가 어떤 회사인가?'에 대한 이야기지, '언젠가 우리 회사는 이런 회사가 될 거야'에 관한 얘기가 아니다.

그렇게 당신이 선택한 진행자는 워크숍 자리에서 참석자들을 리드하게 될 것이다. 여기에는 나름의 기술이 필요하다. 시간 운영과 준비물 배포 등을 관리해야 하고, 다양한 참석자들의 의견을 능동적으로 청취하고 연결점을 끌어내야 한다. 진행자는 또한 사람들이 직급이나 직책, 성격 등에 관계없이 편안하게 자신의 생각이나 스토리를 공유할 수 있도록 '마음이 놓이는' 여건을 조성해야 한다.

지금까지 설명한 여러 요소들이 너무 많다고 생각할 수도 있다. 하지만 실제로는 배우는 것을 좋아하고 그룹과 함께 작업하는 것이 불편하지 않은 사람이라면 누구라도 집단의 '왜?' 발견 과정을 이끌 수 있다. 물론 경험이 많다면 더 좋겠지만, 그렇지 않아도 상관없다. 강한 호기심을 가지고 있고, 리더가 되는 것을 즐기는 사람이면 된다. 결국 진행자가 편안함을 느껴야 훌륭한 '왜?' 발견 과정이 순조롭게 진행될 수 있는 환경이 만들어질 것이다.

이번 장의 남은 부분과 다음 장 전체는 집단의 '왜?' 발견 과정을 이끌 진행자를 위한 내용이다. 여기까지 읽고 내가 그 역할에 딱 맞는 사람이 아니라고 생각된다면, 적합한 사람을 골라 이어질 내용을 읽도록 부탁하라.

당신이 직접 진행자 역할을 하기로 했다면 이 책을 계속 읽어나가라. 지금부터 집단을 위한 '왜?' 발견 과정을 운영할 운영자의 준비 과정을 설명하겠다.

2단계: 세션을 준비한다

'왜?' 발견 워크숍의 진행자 역할을 요청받는다는 것은 영광스러운 일이다. 철저한 워크숍 준비를 위해서 추천하는 사항이 몇 가지 있다.

진행자는 이번 장 외에도 개인의 '왜?' 발견 과정을 설명한 3장을 봐주길 바란다. 워크숍을 위해 3장에 나오는 단계를 모두 직접 밟아볼 필요까지는 없지만, 개인의 '왜?' 발견 과정의 기초에 익숙해진다면 집단을 이끄는 과정이 더 쉬울 것이다.

의지가 있고 시간이 허락한다면 집단의 '왜?' 발견 과정을 진행하기 전에 동료나 친구, 지인과 같은 몇몇 사람에게 개인의 '왜?' 발견 과정을 안내해보는 것도 좋다.

본격적으로 '왜?' 발견 과정을 시작하기 전에 진행자가 수행할 중요한 준비 과정은 다음과 같다.

- 참석자를 초청한다.
- 충분한 시간을 확보한다.
- 적합한 환경을 찾는다.
- 미리 회의실을 준비한다.

3단계: 적정 인원을 초대한다

집단적 접근법은 최소 10명 이상의 참석자가 필요하지만 30명까지는 문제없다. 이 숫자를 넘어선다면 대규모 인원의 과제 수행을 노련하게 지도할 수 있는 아주 경험 많은 진행자가 필요하다. 과정이 너무 늘어지고 통제하기 힘들고 무질서해질 수 있기 때문이다. 이 과정을 처음 진행하는 사람이라면 참석자 규모를 최대 30명 이하로 제한하자.

참석자가 10명 이하이면 안 되는 이유는 무엇일까? 너무 적은 인원이 참여하면 조직에 대한 다양한 사례와 스토리를 채취할 수 없기 때문이다. 우리는 워크숍을 통해 조직의 모든 구성원에게 울림을 주는 보편적 진술을 찾아내야 한다. 집단의 '왜?'를 똑똑히 표현한 한 문장을 공유하는 것이 워크숍의 궁극적인 목표임을 잊지 말자.

'최소한 10명'이라는 규칙의 예외는 조직 구성원이 10명이 안 되는 경우다. 이럴 때는 그 열 사람이 조직 전체를 대표한다. 조직의 모든 구성원이 사업의 여러 부문에 참여하고 있고, 이들이 조직의 '왜?'를 똑똑히 표현하는 데 필요한 것을 다 가지고 있기 때문이다.

워크숍은 모든 부서의 사람이 골고루 참여해야 한다. 구성원의 비율이 어느 한쪽으로 치우치게 되면, 그 팀의 문화 혹은 지향점이 반영된 '왜?' 선언문이 나올 가능성이 있기 때문이다. 그렇게 되면 다른 구성원들은 워크숍을 통해 도출된 '왜?'를 듣고서도 공감할 수 없고, 모든 일은 헛수고가 된다. 그러니 조직의 규모를 막론하고 모든 부서의 사람이 참여할 수 있게 하라.

참석자로 적합한 사람들

• • •

경험에 따르면 참석자들이 두 가지 특징을 가질 때 집단의 '왜?' 발견 세션이 가장 성공적이었다. 하나는 자신의 일에 대한 열정이고,

다른 하나는 그 회사에서 어느 정도 오래 근무한 경험이다.

회사에서 오래 일한 참석자들은 끄집어낼 경험이나 스토리가 더 많다. 또 회사가 자연스러운 최고의 상태였을 때나 큰 어려움에 직면했을 때처럼 좋은 시절과 힘든 시절을 모두 겪었을 것이다.

공유할 수 있는 스토리는 좀 적더라도 신입 직원들을 일부 참여시키면 좋다. 스토리를 들으면서 회사의 전통이나 동료들에 관해 알게 되면 소속감이 강화되고 새 회사에 대한 자부심을 높일 수 있기 때문이다. 또한 최근에 입사한 이들은 이 회사를 선택했던 이유가 아직 마음에 생생하게 남아 있기 때문에 특별한 통찰을 제공할 수 있고, 회사에 오래 있었던 사람들은 잘 볼 수 없는 객관적인 시각을 제공할 수도 있다.

참석자들이 갖고 있어야 할 또 다른 핵심 자질은 회사에 대한 열정이다. 열성적인 사람이 많으면 많을수록 좋다. 이들이 반드시 실적이 가장 좋은 사람이라는 법은 없지만 일부는 실적도 최고일지 모른다. 열성적인 사람들은 우리가 찾는 것을 이미 '이해한' 사람들이다. 이들은 꾸준히 자신의 시간과 에너지를 희생해 더 좋은 회사를 만들려고 한다. 또한 이들은 회사를 가장 많이 걱정한다. 열성가들은 최고 상태의 회사를 대표하는 사람들이다.

참석자의 다수는 직급에 관계없이 회사에 상당한 경험이 있고, 그곳에서 일하는 것을 사랑하고, 회사 사람들과 조직의 문화를 아끼는 사람이어야 한다. 그러나 열정이 없는 사람들까지 이 워크숍에 참석시켜야 한다면 크게 상관은 없다. 우리가 밟아나가는 것은 객관적인 과정이므로 이렇게 '잘 안 맞는' 몇몇 사람 때문에 결과가 왜곡되지는 않을 것이다. 실제로 사람들이 회사를 사랑하는 이유를 공유하다 보면 이렇게 부정적인 생각을 가지고 있던 사람들이 기대보다 더 잘 어울리기도 한다.

마지막으로 회사의 여러 면면을 대변할 수 있는 참석자들을 고를 것을 추천한다. 다양한 사업부나 부서에 속한 서로 다른 직급의 사람들을 초대하라. 그렇게 하면 당신이 밝혀낼 '왜?'는 분명 어느 한 '둥지의 왜?'가 아니라 조직 전체의 '왜?'가 될 것이다.

우리 경험에 비춰보면 집단의 '왜?' 발견 과정을 진행하기 위한 최적 인원은 20명에서 30명 정도이다. 이 정도 규모라면 보통 4시간 내에 '왜?' 선언문 초안을 작성할 수 있다. 최선의 결과를 낼 수 있는 워크숍 참석자가 몇 명일지는 당신의 직감에 따르는 수밖에 없다.

참석자 모두를 선임 리더급으로만 구성하고 싶은 조직도 있을 수 있다. 이런 경우에도 해당 리더들이 기본적인 요건, 즉 근무 기간과 열정만 있다면 효과를 낼 수 있다.

선임자들로만 '왜?' 발견 과정을 진행하는 경우에도 회사의 다양한 기능 부문을 대표할 수 있어야 함은 물론이다. 그렇지 않다면 이 과정은 효과가 없을 것이다.

" 팀이란 함께 일하는 사람들이 아니다.

팀이란 서로를 신뢰하는 사람들이다."

A team is not a group of
people who work together.
A team is a group of people
who trust each other.

예를 들어 엔지니어링 쪽으로 참석자가 치우쳐 있다면, 결국 찾아 낸 '왜?'는 회사 전체의 '왜?'가 아니라 엔지니어링 부서의 '왜?'일 가 능성이 크다. 그러니 균형을 이루는 것이 중요하다.

충분한 시간

• • •

집단의 '왜?' 발견 과정은 적어도 4시간 이상이 소요된다. 그런데 더 짧은 시간에 워크숍을 압축적으로 진행하라고 회사에서 압박이 있을 수도 있다. 저항하라! 온전한 4시간을 확보해두는 것은 아주 중 요한 일이다. 5시간이면 더 좋다. 이것은 마치 칠면조 요리를 할 때와 비슷하다. 오븐 온도를 높여서 요리 속도를 줄이려고 시도할 수는 있 겠으나, 그렇게 되면 겉은 갈색이더라도 속까지 모두 익지는 않을 것 이다.

'왜?' 선언문에 만족하고 거기에 주인 의식을 가지려면 참석자들 은 지적으로나 감성적으로나 이 여정을 처음부터 끝까지 모두 밟아 야만 한다. 스토리 공유를 통해 '왜?'에 생명을 불어넣어야 한다.

우리는 수많은 '왜?' 발견 과정을 진행하면서 만약 시도만 했다면 해당 조직의 '왜?'를 1시간 내에 찾아낼 수 있었던 경우도 많이 있었 다. 하지만 그랬다면 결코 참석자들을 '정서적으로' 함께 끌고 가지 는 못했을 것이다. '왜?' 발견 과정은 조직의 구성원들이 스스로 해내 야만 하고, 충분한 시간동안 정해진 단계를 모두 거쳐야 한다. 이성적으로 감성적으로 충분히 설득되기 위해서는 각자 내적으로 숙성 시킬 시간이 필요하기 때문이다.

나중에 만들어진 '왜?' 선언문이 아무리 근사한 것일지라도, 조직 내의 누구도 주인 의식을 느낄 수 없거나 영감을 받아 자신의 일에 적용할 수 없다면 무용지물이다.

적합한 환경

• • •

'왜?' 발견 과정에는 대부분의 사람들이 매일 하는 것과는 상당히 다른 방식의 사고가 필요하다. 따라서 창의성을 북돋우고 독립적인 공간을 제공하면서, 산만하지 않은 환경이 이상적이다. 사내의 회의 실이 되었든, 회사 밖의 공간이 되었든, 다음과 같은 점에 유의해 장소를 고르자.

• **참석자들을 소그룹으로 나눌 수 있을 만큼 넓은 장소**: 참석자들은 혼자서 작업할 때도 있고 그룹으로 나뉘어 작업할 때도 있을 것이다. 그러니 환기가 잘 되고 조명이 밝은 곳, 사람들이 돌아다니며 테이블과 의자의 위치를 옮길 수 있을 만큼 넓은 곳을 골라라. 또한 워크숍 내내 모든 사람이 집중할 수 있으려면 간식 및 음료수 테이블을 놓을 공간도 필요하다.

- **참석자들이 방해받지 않을 장소**: 주변이 시끄럽거나 사내에 하나 뿐인 자판기가 있는 곳 근처는 좋지 않다. 또 사람들이 끊임없이 오가는 복도 옆도 좋은 선택이 아니다.

타인의 방해를 받지 않고, 온전히 참석자들이 생각에 집중할 수 있도록 외부 환경과 어느 정도 격리된 공간을 추천한다.

회의실 준비

• • •

워크숍이 시작되는 순간부터는 회의실 내의 역학관계가 정말로 중요하다. 그러니 회의실 준비 방법에 관해 자세히 알아보자.

회의실 배치를 바꾸느라 소중한 워크숍 시간을 낭비하는 일이 없도록 회의실 내부는 미리 세팅해두자. 그러면 참석자들이 회의실에 입장하는 순간부터 의도했던 분위기를 느끼게 될 것이다.

- **가구 배치**: 정답은 없지만 우리는 말발굽 형태의 배치를 선호한다. 가능하다면 테이블을 벽 쪽으로 옮기고, 의자를 반원 모양으로 배치하라. 이 배치는 위계 서열이 생기지 않아 열린 대화를 나누는데 도움이 된다.

- **아이디어를 남길 방법 선택**: 보통 그룹별로 플립 차트 이젤을 준비한다. (그룹의 규모 및 그룹원의 수를 정하는 방법은 5장 참조) 커다란 종이나

화이트보드를 사용해도 되지만, 모든 과정을 기록하고 보관하는 것을 잊지 마라. 워크숍에서 나오는 의견들은 언제든 꺼내볼 수 있어야 한다. 가능하면 여러 가지 색깔의 펜이나 마커를 준비하고 잘 나오는지 미리 확인하라.

• **플립 차트 설치**: 회의실 앞쪽에 플립 차트 이젤을 3개 더 준비한다. 진행자가 사용하기 위한 것이다. (플립 차트를 선호하는 이유는 워크숍을 진행하면서 앞서 적어두었던 것을 다시 빠르게 찾아볼 수 있기 때문이다.)

• **프로젝터와 스크린 준비**: 슬라이드나 컴퓨터를 사용할 경우 필요한 장비가 구비되어 있고 제대로 작동하는지 점검하라. 그리고 참석자들의 위치에서 스크린이 잘 보이는지 확인하라.

이 모든 조건을 만족하는 이상적인 회의실 모습은 다음과 같다.

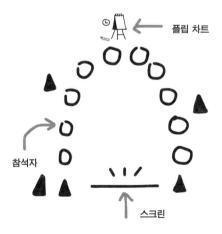

집단의 '왜?' 발견 과정 진행을 위해 물리적으로 필요한 것은 여기까지다.

다음 장에서는 워크숍 진행 방식을 단계별로 알아보자.

그룹의 '왜?' 발견 과정

'왜' 발견 과정을 진행하는 사람이 알아야 할 것들

FIND
YOUR
WHY

이 장에 들어가기 전에

5장은 '왜?' 발견 워크숍을 진행하는 이들을 위한 내용으로 구성되어 있다.

4장을 읽으면서 진행자에게는 크게 두 가지 임무가 있다는 것을 알았을 것이다. 하나는 집단의 '왜?' 발견 과정을 준비하는 것이고, 다른 하나는 워크숍을 진행하는 것이다. 준비 과정에 대해서는 4장에서 이미 설명했다. 이제는 사람들을 이끌고 워크숍을 진행하는 데 필요한 사항들을 하나부터 열까지 차근차근 설명할 것이다.

이 작업이 처음이라면 가이드를 그대로 따를 것을 추천한다. 과정 자체에 대해 걱정하지 않아야만 귀를 기울이고, 질문을 하고, 분석하고, 참여하는 데 더 집중할 수 있기 때문이다. 반면 전문 진행자라면 여기에 적힌 가이드에 적당한 수정을 가하고 자신만의 아이디어를 추가해서 참석자들의 발견 과정을 더욱 성공적으로 이끌기 바란다.

．．．

'왜?' 발견 워크숍에서는 아래 세 가지 활동을 주로 실시한다.

- 배경 설명
- '왜?' 발견 과정 진행
- '왜?' 선언문 초안 작성

큰 틀에서는 개인과 둥지의 '왜?' 발견 과정과 다르지 않다. 하지만 30여 명에 이르는 사람들이 하나의 '왜?'를 찾기 위해서는 다양한 의견을 수집하고 통합하기 위한 몇 가지 스킬이 필요하다.

단계별로 대략 어느 정도의 시간이 소요되는지와 함께 위 활동에 관해 더 자세히 알아보자.

배경을 설명한다 ⇨ '왜?'발견 과정을 ⇨ '왜?' 선언문 초안을
                    진행한다   작성한다

1단계: 배경 설명 (45분~60분 소요)

• • •

집단의 '왜?' 발견 과정을 멋지게 시작하는 한 가지 방법은 선임 리더를 한 명 초청하는 것이다. 사내에서 혹은 참석자들 사이에서 존경 받는 인물이면서 '왜?'의 개념을 100퍼센트 이해하고 있는 사람이 오늘 이 워크숍을 왜 진행하고 어떤 점에서 중요한지 먼저 설명한다.

해당 리더는 또한 참석자들에게 이 과정에 참여하느라 많은 시간을 투자한 것을 안다고 치하해주는 것이 좋다. 내가 애써 시간을 내고 희생을 감수한다는 사실을 인정받을 때 우리는 더 선뜻 마음이 내키기 때문이다.

이 워크숍에만 온전히 집중하라는 '허가'를 받았다고, 참석자들이 안심할 수 있게 만들어주는 것이 포인트다. '당연한 것 아닌가' 생각할 수도 있지만, 개인들은 내가 회사를 위해 '더 중요한' 다른 일을 하고 있어야 하는 건 아닌가 하고 느끼는 경우가 많다.

이게 바로 그 '중요한' 일이고, 나는 지금 이 일에만 매진하도록 허락을 받았다는 사실을 참석자들이 알게 하라. 열정을 가진 선임 리더

가 워크숍의 취지를 소개하면서 시작하면 진행자의 위치도 좀 더 공고해진다. 이 회사나 참석자들과 처음 만나는 사이라면 이런 소개 과정은 특히 더 중요하다. 선임 리더가 모두 발언을 하고 진행자에게 마이크를 넘겨준다면, 회사는 '왜?' 발견 과정의 안내자로서 이 진행자를 신뢰하고 있으니 참석자들은 큰 관심을 갖고 협조해 달라는 메시지가 분명히 전달된다.

소개를 받고 마이크를 넘겨받으면 짧은 '왜?' 스토리를 하나 공유하면서 워크숍을 시작하자. 개인적인 '왜?' 경험을 공유하고 나면 참석자과 더 깊은 유대감을 형성할 수 있다.

편안하게 공유할 만한 스토리를 찾기 힘들다면 이 책에 나오는 스토리 중 하나를 이야기해도 되고(인트로에 나오는 철강 세일즈맨 스티브의 이야기나 4장에 나오는 라마르조코의 사례), 사이먼 사이넥의 강의에 등장하는 스토리 중 호소력 있는 것을 하나 골라도 된다(사이먼은 강력한 '왜?'를 가진 회사로서 애플과 사우스웨스트 항공의 사례를 아주 분명하고 설득력 있게 설명하고 있다).

어떤 이야기를 고르든 중요한 것은 참석자들이 더 높은 목적을 위해 하나가 되었을 때 뭘 이룰 수 있는지 알려주는 것이다. 또한 공통의 '왜?'가 집단 전체에 충성심을 고취할 수 있다는 사실도 알린다. 이렇게 사례를 듣고 나면 이 워크숍을 진행하는 이유(조직의 '왜?'를 찾는 것)가 더 생생하게 느껴지고, 적극적으로 이 과정에 참여했을 때 어떤 보상을 얻게 되는지도 알 수 있다.

오프닝 스토리에 따라 다르겠지만 대략 이쯤 되면 당신은 이미 10분 정도 발언을 했을 것이다. 이제 참석자들에게 말할 기회를 주어야 한다. 참석자를 2명씩 짝짓고(참석자가 홀수라면 3명이 짝인 경우가 생긴다), 아래 질문을 던지자.

- 이곳에 입사했던 때를 떠올려보자. 당시 나에게 가장 큰 영감을 주었던 것은 무엇인가? 그리고 매일 이곳에 출근하도록 나에게 영감을 주는 것은 무엇인가?

짝을 지은 사람들에게 4분에서 6분 정도 시간을 주고 서로 생각을 공유하게 한다. 서로 2~3분씩 번갈아 발언하도록 미리 알려주되, 한 사람이 너무 시간을 많이 쓰지 않도록 중간에 시간을 공지한다.

진행자를 위한 팁

참석자들은 이미 아는 사람, 나에게 편안한 사람과 나란히 앉아 있는 경우가 많다. 참석자들이 서로 자리를 섞어 앉도록 해서 모르는 사람과 대화할 기회를 주자.

간단하지만 이런 시간을 통해 좋은 대화가 오가는 것이 바로 우리가 원하는 바다. 우리의 주된 목표는 사람들이 등을 기대고 앉아 워크숍이 진행되는 것을 구경하는 것이 아니라 모든 사람이 적극적으로 과정에 참여하게 만드는 것이다.

스토리를 이야기하다보면 정서적인 자극을 받는 경우도 많기 때문에 이 대화는 참석자들을 다음 과정으로 이끄는 훌륭한 기회가 된다. 모든 사람의 스토리를 참석자 전원과 공유할 필요는 없지만, 파트너가 해준 이야기가 감동적이었던 사람 한두 명에게 스토리 공유를 청할 수도 있다. 아직까지 참석자들은 깨닫지 못했겠지만 이런 스토리들은 해당 조직의 밑바닥에 놓여 있는 '왜?'와 연관될 가능성이 크다.

참석자들이 마음을 열고 진지하게 참여하기 시작했다면, 이제 '골든 서클'이라는 중요한 개념을 설명할 차례다. 'Why, How, What'으로 이루어진 골든 서클에 대해서는 1장에서 소개한 바 있다.

골든 서클의 구조

참석자들과 소통할 준비가 됐다면 사이먼 사이넥의 TED 강연 영상(http://bit.ly/GoldenCircleTalk)을 참석자들에게 보여주는 것으로 시작하자. 혹은 http://bit.ly/FYWresources에서 다운로드받을 수 있는 슬라이드나 노트를 가지고 직접 골든 서클의 개념을 소개해도 된다.

우리의 목표는 모든 사람이 아래와 같은 골든 서클의 기본 개념을 이해하게 만드는 것이다.

- '무엇을'은 제품, 서비스 혹은 우리가 수행하는 업무다. '어떻게'는 우리를 돋보이게 만들어주는 가치나 원칙, 행동이다. '왜?'는 조직이 지향하는 바를 나타낸다. '왜?'는 모두의 목적, 대의 또는 신념이다.
- 가장 이해하기 쉬운 것부터 어려운 것 쪽으로 진행하는 것이 인간의 본성이다. 골든 서클을 이해할 때 대부분의 사람은 바깥쪽부터 안쪽 순으로(무엇을-어떻게-왜) 생각하고, 행동하고, 소통한다. 그러나 남들에게 영감을 주는 사람들은 다르다. 그들은 안쪽에서부터 바깥쪽으로(왜-어떻게-무엇을) 생각하고, 행동하고, 소통한다.
- '무엇을'은 뇌의 가장 새로운 부분인 '신피질'에 해당한다. 이 부분은 이성적이고 분석적인 사고 및 언어를 책임진다. 때문에 우리는 우리가 하는 일에 대해 이성적으로 판단하고, 말로 똑똑히 표현할 수 있다.
- '왜?'는 대뇌 변연계에 해당한다. 이 부분은 신뢰나 충성심 같은

우리의 감정을 책임진다. 대뇌 변연계는 인간의 모든 행동과 의사결정을 주관하지만 언어를 처리하는 능력은 없다. 이것은 우리가 태어날 때부터 이미 정해진 생물학적 영역이다. 그래서 우리는 '왜?'를 말로 표현하는 데 어려움을 겪는다.

• 사람들은 내가 '무엇을' 하는가에 수긍하는 것이 아니라 내가 그 일을 '왜' 하는가에 수긍한다.

• 강력한 '왜?'를 가진 회사는 고객과 의뢰인, 직원, 후원자들로부터 신뢰와 충성심을 얻을 수 있다. 그들은 대부분 자발적으로 회사의 대의를 응원하는 팬fan이 된다.

워크숍에서 골든 서클과 '왜?'의 개념을 소개할 때 참석자 중에서 의문을 제기하는 사람도 있을 것이다. "너무 애매모호하다"거나 "비즈니스 현장과 동떨어져 있다"는 반론 등이다.

얼마든지 있을 수 있는 일이고 우리 팀도 그런 일을 겪었다. 우리는 새로운 방식의 사고를 소개하기 위해 이 워크숍을 진행하고 있다. 그러니 다양한 의견을 포용할 마음의 준비를 해야 한다.

가장 중요한 것은 그런 참석자들에게 이 과정을 신뢰하고 마음을 열어달라고 말하는 것이다. 다시 한 번 말하지만 중요한 것은 우리가 믿고 있는 '왜?'의 유용성이나 그 가치를 설득하는 일이 아니다. 참석자들이 스스로 '왜?'의 필요성과 가치를 깨닫고, 자신들이 속한 집단의 '왜?'를 찾는 데 기여할 수 있는 환경을 조성하는 일이다.

책의 맨 뒤에 '자주 묻는 질문들'이라는 부록을 실었다. 워크숍을 진행하면서 자주 받는 질문들에 우리 팀이 어떻게 답하는지 보면 가이드가 될 것이다.

이제 참석자들에게 휴식 시간을 포함한 대략적인 시간 계획을 공지하여 앞으로 무엇을 하게 될지 큰 그림을 그릴 수 있게 하자. 남은 워크숍은 크게 둘로 나눌 수 있고, 각각 다음과 같은 목표가 있다는 것을 알린다.

- 스토리 공유: 회사가 사람들의 삶에 어떤 '기여'를 하고 있고, 시간이 지나면 그게 어떤 '영향력'을 만들어내는지 알려주는 구체적인 스토리를 수집하는 것이 목표이다.
- '왜?' 선언문 초안 작성: 참석자들의 스토리에서 테마를 찾아내고 그 테마들을 이용해 집단의 '왜?' 선언문 초안을 작성하는 것이 목표이다. 이것은 그 집단의 목적, 대의 또는 신념을 반영한다.

마지막 목표의 '초안'이라는 단어를 강조하라. 75~80퍼센트 정도 완성된 '왜?' 선언문을 작성하는 것이 우리의 목표다. 선언문의 완성도보다는 '구성원 모두가 실천할 수 있는가?'가 더 중요하다는 것을 인지시켜라. 그 이유에 대해서는 차차 설명하겠다.

2단계: '왜?'를 발견하는 과정 (2시간~2시간 30분 소요)

• • •

개인적인 스토리를 공유하고 테마를 확인하는 것은 개인의 '왜?' 발견 과정이건, 집단의 '왜?' 발견 과정이건, 퍼즐을 완성하는 데 아주 중요한 조각들이다. 집단적 접근법에서는 '세 가지 대화'를 통해 '왜?'를 발견한다.

세 가지 대화

"간결한 것이 가장 세련된 것이다."가 초창기 애플의 슬로건이었다. 애플의 슬로건처럼 '세 가지 대화'는 간결하다. 하지만 그렇다고 해서 이 대화들이 쉽다는 얘기는 아니다. 참석자들이 자신의 느낌을 표현할 언어를 어떻게든 찾아내야 하기 때문이다. 물론 이 작업이 어렵지 않은 사람들도 있겠지만, 대부분의 참석자들은 이런 대화를 나누는 게 상당히 에너지가 필요한 일임을 알게 될 것이다.

이 작업을 진행하다 보면 모든 게 너무 엉켜버려서 원하는 결과는 커녕, '왜?'와는 점점 멀어지는 것처럼 느껴지는 순간이 있을 것이다. 이 단계에서 중요한 것은 대화에서 나오는 단어 자체보다 회의실에 모인 구성원들이 사이에 공유되는 '감정'이라는 사실을 기억하라.

'세 가지 대화'를 시작하려면 먼저 참석자들을 대략 같은 크기의 세 팀으로 나눠야 한다. 가장 쉬운 방법은 다음 페이지의 그림과 같이 회의실을 좌, 우, 뒤로 나누는 것이다.

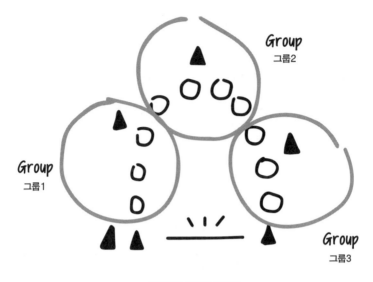

참석자를 팀으로 나누기

다양한 역할과 직책, 성별, 근무 기간을 가진 사람들을 한 팀으로 묶으면 가장 좋다. 위의 방식으로는 팀 구성원의 다양성이 충분히 확보되지 않는다고 생각되면 좀 더 의도적으로 팀을 나누어도 된다.

팀마다 다양한 경험이 표출될 수 있다면 더 적극적이고 역동적인 대화가 가능할 것이다. 앞서 말한 것처럼 참석자들은 평소와는 다른 식의 사고를 해볼 텐데, 그런 식의 사고는 낯설고 새로운 사람들과 함께 작업할 때 더 쉽게 일어난다.

팀이 정해지고 나면 각 팀원들을 플립차트 주변으로 불러 모은다. 의자를 옮기기보다는 자리에서 일어나 움직이도록 하라. 서 있으면 더 많은 에너지가 발산되고 상호작용이 더 활발해진다.

이제 참석자들에게 세 가지 대화의 출발점을 제시하라. 질문을 하나씩 스크린에 띄우면서 소개하면 회의실에 모인 모든 사람이 쉽게 볼 수 있고 필요할 때 되돌아가서 확인하기도 좋다.

'진행자를 위한 팁'을 참고하여 각 질문을 가지고 대화하는 방식을 알려준 뒤, 팀원들끼리 의논할 시간을 줘라.

진행자를 위한 팁

참석자들에게는 질문 내용을 미리 공유하지 않는 편이 좋다. 그래야 참석자들이 처음으로 머리에 떠오르는 생각을 공유할 수 있기 때문이다. 질문을 사전에 알려주면 지나치게 많은 생각을 할 가능성이 크고 그것은 오히려 과정을 진행하는 데 부정적인 영향을 준다

대화 1: 인간적 차이 (20분 소요)

• 이 회사에서 일하며 가장 자랑스러웠던 순간을 구체적인 스토리로 이야기해보세요.

(돈이라든가 기타 어떤 척도를 말하는 게 아니다. 내가 받은 것을 생각하기보다는 준 것을 기준으로 생각하라. 회사가 최고의 상태일 때 무엇을 지향하는지 잘 나타낼 수 있는 스토리를 이야기하라.)

진행자를 위한 팁

'회사'라는 단어 대신 '팀'이나 '그룹', '사업부' 등 그 위치에 맞는 다른 단어를 사용해도 된다. 하지만 그 외의 문구는 수정하지 않도록 한다. 정확히 이런 문장을 사용한 데는 그럴만한 이유가 있다. 지금 우리는 기업의 재무성과를 따지고 있는 것이 아니다. 우리는 그보다 더 인간적이고 의미 있는, 정서를 자극할 수 있는 무언가를 찾고 있다.

각 팀이 대화1에 대한 논의를 시작하기 전에 아래와 같은 가이드라인을 제시하라.

- 팀별로 나중에 팀원들이 그 스토리를 떠올릴 수 있는 문구나 문장을 플립차트에 적는다.
- 일반화시키지 않는다. '특정한' 사람, '특정한' 순간에 관한 스토리를 이야기하라. 내용이 구체적일수록 더 좋다. "나는 고품질의 우리 제품이 자랑스럽다"는 너무 포괄적이다. "명절 행사에서 만난 어느 여자 분이 우리가 개발한 항암제 덕분에 자녀가 목숨을 구했다고 했어요. 너무 자랑스러웠어요. 저는 그쪽 사업부도 아니지만, 우리가 하는 일이 얼마나 중요한지 다시 한 번 깨닫는 계기였어요."가 더 좋다. 가능한 상황을 구체적으로 묘사하고, 정서를 담아 말하자.

- 스토리는 커다란 결과를 낳은 일이든, 그렇지 않은 것이든 상관없다. 1000명에게 영향을 준 이야기도 좋고, 한 명에게 영향을 준 이야기도 괜찮다. 중요한 것은 이야기를 하는 사람이 저 깊숙한 곳에서부터 뭔가 정서적인 반응을 일으켰던 스토리를 이야기하는 것이다.
- 팀별로 주어진 시간 내에 '내용이 있는' 스토리를 최대한 많이(적어도 3개 이상) 생각해낸다.

진행자를 위한 팁

연장자들이 대화를 장악하는 바람에 다른 팀원들의 의미 있는 생각은 제대로 반영되지 않는 경우가 있다. 대화가 이런 식으로 흘러간다고 생각되면 적극적으로 개입하여 아직 스토리를 이야기하지 않은 사람들이 말할 수 있도록 격려하라.

대화 1과 같은 주제는 사람들이 자주 듣는 얘기가 아니다. 따라서 어리둥절한 표정을 짓는 사람들도 있을 것이다. 그래도 괜찮다. 참석자들이 주제를 놓고 잠시 생각하도록 놔둬라. 하지만 일단 참석자들이 말을 하기 시작하면 주제를 벗어나지 않게 옆에서 도와라.

어떤 결과물이 나와야 하는지 감을 잡을 수 있도록 예시를 준비했다. 다음은 피터가 진행한 워크숍에서 라마르조코 팀이 공유했던 몇 가지 스토리와 그들이 플립차트에 적은 내용이다.

• "우리 회사는 2009년에 처음 '아웃 오브 박스' 행사를 개최했어요. 공급사, 로스팅업체, 바리스타, 커피 애호가들까지 전 세계 협력사들을 초청했죠. 이틀간 굉장한 시간을 보내면서 우리는 많은 생각과 아이디어를 공유했고 정말로 인생을 축복했어요. 원래는 1회성 행사로 기획되었던 것이 피드백이 너무 좋아서 이제는 격년제로 진행하는 정기 행사가 됐지요."

플립차트에 적은 내용: 아웃 오브 박스 행사—인생을 축복했다

• "우리는 사람들을 한 자리에 모으는 걸 좋아하죠. 최근에는 탄자니아의 커피 농장에서 일하는 사람들의 사진을 전시한 전시회를 후원했어요. 사진들 덕분에 정말 많은 것을 느꼈어요. 커피의 원산지, 그곳에서 일하는 사람들과 우리가 서로 연결된 느낌을 받았죠. 테마는 커피였지만 전시회의 의미는 그보다 깊었어요. '관계'에 대한 전시회였달까요. 전시회 수익금 일부는 커피 농장 공동체 후원에 사용되고 있어요."

플립차트에 적은 내용: 탄자니아 사진 전시회— 공동체 후원 및 관계 형성

• "우리 회사는 멕시코에 있는 로스팅 업체와 협업하고 있죠. 멕시코는 정규 고등교육을 받은 사람이 많지 않은데도 글로벌 기업들은 대부분 학력이나 이력을 중심으로 직원을 뽑아요. 하지만 우리 회사는 졸업장이 아니라 지원자가 어떤 사람이고 어떤 열정을 갖

고 있는지를 기준으로 사람들을 채용하는 정책을 펼치고 있어요. 엄청난 성공을 거뒀고요. 그렇게 채용된 사람들 다수가 높은 지위까지 올라갔어요."

플립차트에 적은 내용: 채용 정책─열정이냐, 졸업장이냐

• "어느 공항에서 20년간 똑같은 라마르조코 커피 머신을 갖고 있는 사람을 만났어요. 아직도 완벽하게 작동한다고 하더라고요. 1회용이 흘러넘치는 세상에서 우리 회사는 그런 탁월함과 전통, 가치를 지향한다는 게 정말 자랑스러웠어요."

플립차트에 적은 내용: 충성도 높은 고객─탁월함, 전통, 가치

발표: 스토리 공유 (25분~35분 소요)

시간이 다 되면, 팀별로 가장 좋은 스토리 2, 3개를 나머지 팀들과 공유한다. '가장 좋은 스토리'란 팀원들에게 가장 큰 울림을 준 스토리, 가장 크게 속 깊은 곳에서 우러난 반응을 이끌어낸 스토리다.

사람들은 저마다의 방식으로 자신이 느낀 감정을 표현할 것이다. 소름이 돋는 사람도 있을 테고, 생기가 돌거나 흥분하는 사람도 있고, 심지어 목이 메는 사람도 있을 수 있다.

정서적 반응은 진행자에게 '더 깊이 파보라'는 큐 사인이다. 스토리텔러에게 자신의 감정을 더 자세히 말해달라고 하라. 그토록 강한 반응을 일으킨 것이 스토리의 어떤 부분인지 물어라.

다시 라마르조코의 사례로 돌아가 보면 피터는 스토리텔러가 회사의 '기여' 부분에 대해 더 강한 감정을 느낄 수 있도록 다음과 같이 질문할 수 있었을 것이다.

- "첫 번째 아웃 오브 박스 행사의 피드백에 관해 좀 더 자세히 말씀해주세요. 사람들이 가장 많이 좋아한 것은 무엇이었나요? 사람들이 뭐라고 하던가요?"
- "전시회의 사진들에 관해 자세히 말씀해주세요. 특별히 돋보였던 사진이 있나요? 그 사진들이 특별했던 이유는 무엇인가요? 커피 노동자들의 삶에는 어떤 변화가 있었나요? 구체적인 예를 들어주실 수 있을까요?"

보통은 스토리 공유에 20분 정도 할애하지만 대화가 더 길어진다면 끊지 말고 진행하라. 이 과정이 참석자들에게는 매우 귀중한 시간이다. 조직의 구성원들이 함께 모여서 숫자 이상의 것을 생각하며 회사가 사람들에게 무엇을 기여하는지 고민해볼 기회는 아주 드물기 때문이다. 이렇게 시간을 유연하게 사용하기 위해 4시간에서 5시간 정도의 시간 확보는 필수다.

모든 팀이 스토리를 공유하고 나면 두 번째 대화로 넘어가라.

대화 2 : 우리는 어떤 기여를 하는가? (10분 소요)

- 각 스토리에서 우리 회사가 사람들의 삶에 구체적으로 기여한 바는 무엇인가요? (행동을 나타내는 동사로 표현. "-했다.")

그대로 세 팀으로 작업하면서 플립차트를 한 장 넘기고 새롭게 시작한다. 앞서 팀원들이 자랑스러움을 느꼈던 스토리에서 드러났거나 혹은 암시되어 있는 핵심적인 '기여'가 무엇인지를 '동사'로 표현해본다. 대화를 시작하기 전에 아래와 같이 구체적인 목표를 미리 알려준다.

- 동사로 적는 이유는 우리의 최종 목표가 단순한 설명이 아니라, 실천 가능한 '왜?'를 발견하는 것이기 때문이다.
- 해당 동사는 '열망'을 나타내어서는 안 된다. 우리의 목표는 회사가 '지금까지' 무엇을 해왔는지를 찾는 것이지, '앞으로' 무엇을 하고 싶은지를 찾는 게 아니기 때문이다.
- 해당 동사는 앞서 팀원들이 이야기한 스토리 중 하나 이상과 직접 연결될 수 있어야 한다. 이상과 현실을 연결하는 이 연결점은 매우 중요하다. 이것이 없다면 그저 듣기 좋은 단어를 나열한, 박제된 구호쯤으로만 인식될 가능성이 높다. 참석자들에게 선택된 단어는 연결점이 분명한 스토리로 뒷받침되어야 의미를 가진다는 점을 설명하라.

- 참석자들은 과거에 일어난 스토리를 생각하고 있기 때문에 동사가 과거형으로 나올 가능성이 높다. 하지만 나중에 해야 할 과제를 생각해서 현재형으로 쓴다.
- 팀별로 최소한 10개 이상의 동사를 생각해내되, 플립차트 한 장을 넘지는 않도록 한다.

진행자를 위한 팁

참석자들에게 "이 스토리에서 우리는 ____한다는 점이 분명히 드러났다."의 형식으로 말해보려고 힌트를 주면 주제에서 벗어나지 않을 수 있다. 빈칸에는 반드시 동사가 들어가야 한다고 알려줘라.

참석자들은 상당히 빨리 이 과정에 몰입하고 대화를 완성할 것이다. 보통 10분이면 충분하다.

진행자를 위한 팁

'왜?'를 향해 가려면 '어떤, 무슨'이라는 경로를 통해야 한다. "그 사진들이 왜 특별히 좋았나요?"처럼 질문을 '왜?'로 시작하지 말고, "특별히 그 사진들의 어떤 점이 좋았나요?"라고 물어라. 사람들은 '왜'로 시작하는 질문보다는 '어떤, 무슨' 또는 '어떻게'로 시작하는 질문에 더 쉽게 답한다.

피터가 라마르조코와 함께 '왜?' 발견 과정을 진행했을 때 목록에 오른 동사의 일부를 살펴보면 다음과 같다.

관계를 맺다	영감을 주다	연결하다
풍요롭게 하다	신뢰하다	사랑하다
형성하다	인생을 즐기다	한 자리에 모으다

발표: 테마 수집 (10분~15분 소요)

모든 팀이 동사 목록을 완성했다면 이제 참석자들 전체와 공유할 차례다. 팀별로 한 명이 해당 단어들을 소리 내서 읽어라.

그리고 회의실 앞에 따로 마련된 진행자용 플립차트에 참석자들이 읽어주는 동사들을 적는다. 지원자를 한 명 받아서 진행자용 플립차트에 기재하게 시키고, 진행자는 참석자가 동사를 불러주는 속도를 조절해주면 더 좋다.

다음 팀으로 넘어가더라도 플립차트를 넘기지 마라. 여러 팀들이 불러주는 동사를 모두 '한 페이지에' 적어라. 나중에 가면 이 페이지가 아주 중요한 역할을 한다.

앞선 팀이 읽었던 단어와 같거나 비슷한 동사가 있더라도 본인의 팀이 적은 동사는 모두 읽는다. 이미 플립차트에 있는 단어가 나오면 차트에 두 번 적지 말고, 반복될 때마다 해당 단어 옆에 별표를 하자.

때로는 두 팀이 비슷하지만 정확히 똑같지는 않은 단어를 생각해낼 때도 있다. 예컨대 한 팀에서 "창의성을 배양한다"라고 말했는데 다른 팀은 "자유로운 사고를 돕는다"라고 말하는 것처럼 말이다. 두 팀이 비슷한 생각을 했다는 사실은 좋은 신호. 참석자들의 스토리가 회사의 '일관된 테마'를 보여준다는 뜻이기 때문이다. 이럴 때는 가능하다면 두 팀이 합의하여 통합된 버전을 만들도록 한다. 그렇게 만들어진 버전을 플립차트에 적고 별표를 한다. 이런 과정을 다 끝내는 데 대략 10분 정도가 소요된다.

이제 회의실 앞에 있는 플립차트에는 참석자들이 불러준 동사가 모두 적혀 있고 반복된 횟수에 따라 별표가 그려져 있을 것이다. 이제 뒤로 좀 물러나서 목록을 바라보라. 여러 테마가 보이기 시작할 것이다.

예컨대 라마르조코의 플립차트에는 '관계를 맺다', '연결하다', '한자리에 모으다'를 중심으로 한 테마가 나타났다. '풍요롭게 하다'와 '인생을 즐기다'로 표현된 테마도 있었다. 이런 테마의 본질이 무엇인지는 각 테마의 배경이 된 스토리를 통해 명확히 알 수 있다.

휴식 (15분 소요)

휴식 시간을 마련해 회의실의 에너지를 재충전하는 것도 중요한 일이다. 단, 너무 길어지지는 않게 조정하자. 참석자들이 추진력을 상실할 수 있기 때문이다.

참석자들의 성격에 따라 휴식 시간은 달라질 수 있으므로 진행자인 당신이 적절한 시간을 정하면 된다. 우리 팀은 보통 '대화 2' 다음에 휴식 시간을 가진다.

회의실을 잘 준비하고 다과나 편의시설을 동선 내에 잘 구비해둔다면 휴식 시간을 정해진 시간 내에 끝낼 수 있을 것이다.

대화 3: 어떤 영향력을 미치는가? (15분 소요)

휴식 시간이 끝나면 참석자들은 모두 팀으로 돌아가 대화 3을 진행한다. 이쯤 되면 회의실은 시끌시끌해진다. 앞에서 나누었던 대화를 되짚으며 참석자들은 지금 하고 있는 작업에 좀 더 의미 있는 방식으로 연결되기 시작한다. 세 번째 대화는 그 연결점을 더 깊이 파고들기 위한 것이다.

• 우리 회사는 사람들이 무엇을 할 수 있게 혹은 무엇이 될 수 있게 해주나요? (우리 회사가 최고의 모습일 때 우리 회사와 교류한 사람들의 삶이 어떻게 달라졌는지 생각해보라.)

질문에 답하기 위해 대화 1에서 나왔던 스토리를 참조하라고 일러둔다. 다시 한 번 말하지만 우리의 목표는 각 팀이 앞서 말했던 스토리에 기초해 그들이 설명한 '기여'와 '영향력'이 구체적으로 무엇인지 밝히는 것이다.

그들의 스토리에 등장하는 구체적인 인물들을 떠올리고, '우리 회사의 활동 결과 그들이 무엇을 할 수 있게 되거나 어떤 사람이 되었는가?'를 구체적으로 말하도록 한다.

참석자들에게 지금 우리는 숫자나 어떤 척도를 말하고 있는 게 아니라는 점을 일깨워줘라. 우리가 찾고 있는 것은 그보다 더 큰 영향력, 진짜 '인간적인' 영향력이다. 참석자들이 보다 정서적이고 깊이 있는 반응을 보이기 시작한다면 이 영향력을 건드리기 시작했다는 뜻이다. 플립차트의 빈 페이지를 활용해서 그런 기여와 영향력을 표현하는 문구나 문장을 적자.

진행자를 위한 팁

이 대화를 시작한 참석자들이 자신 또는 회사가 타인들의 삶에 끼치는 영향력을 축소하려는 경향을 보일 때가 있다. 심지어 경쟁사를 들먹이면서 그들도 같은 일을 하고 있다고 말할 수도 있다. 이런 일이 벌어지면 참석자들을 다시 스토리로 데려가라. 경쟁사도 비슷한 '무엇을'을 가지고 있을 수 있지만 똑같은 '왜?'를 가지고 있지는 않다는 것을 알 수 있다,

집단적 접근법은 경쟁에 관한 이야기가 아니다. 이 기업이 무엇을 믿고 있고 왜 존재하는지에 관한 얘기다. 우리가 무언가에서 두각을 드러내려고 한다면 내가 지향하는 것이 무엇인지부터 알아야 한다.

대화 3의 진행 방향에 대해 감을 잡을 수 있도록 라마르조코의 참석자들이 회사의 영향력에 관해 했던 말들을 살펴보자.

아래에 필기체로 표시된 것은 대화 1에서 가져온 스토리이고, 그 다음은 대화 3에서 나온 대답들이다. (여기에 적힌 대답들은 실제보다 훨씬 더 구체적이다. 독자들을 위해 부연 설명을 붙이고 답을 쉽게 풀어서 썼다.)

• *"우리 회사는 2009년에 처음 '아웃 오브 박스' 행사를 개최했어요. 공급사, 로스팅업체, 바리스타, 커피 애호가들까지 전 세계 협력사들을 초청했죠. 이틀간 굉장한 시간을 보내면서 우리는 많은 생각과 아이디어를 공유했고 정말로 인생을 축복했어요. 원래는 1회성 행사로 기획되었던 것이 피드백이 너무 좋아서 이제는 격년제로 진행하는 행사가 됐지요."*

"이 행사의 결과로 세르비아에 사는 바리스타 안드리야와 바르셀로나의 커피숍 주인 카탈리나가 만나게 됐어요. 카탈리나의 커피숍은 사업가들이 서로 만나서 새로운 아이디어나 사업을 개발하는 곳이 되어 있었어요. 여기서 영감을 받은 안드리야는 세르비아에 비슷한 가게를 열었죠. 그곳이 다시 촉매제가 되어 새로운 사업체가 여럿 생겼고 안드리야의 동네를 크게 바꿔놨어요. 아웃 오브 박스 행사가 없었다면 이런 일은 절대 생길 수 없었을 거예요."

• *"우리는 사람들을 한 자리에 모으는 걸 좋아하죠. 최근에는 탄자니아의 커피 농장에서 일하는 사람들의 사진을 전시한 전시회를 후원했어요. 사진들 덕분에 정*

말 많은 것을 느꼈어요. 커피의 원산지, 그곳에서 일하는 사람들과 우리가 서로 연결된 느낌을 받았죠. 테마는 커피였지만 전시회의 의미는 그보다 깊었어요. '관계'에 대한 전시회였달까요. 전시회 수익금 일부는 커피 농장 공동체 후원에 사용되고 있어요."

"그렇게 형성된 기금이 사진에 나오는 여성 중 한 명인 엘리자베스와 그 동료들의 삶을 정말 많이 바꿔놨어요. 하지만 전시회의 영향은 그보다 훨씬 더 컸죠. 원두 채취 노동자들의 노고에 대한 인식을 제고하고 인정하는 계기가 됐거든요. 그 결과 그곳 사람들은 이전보다 훨씬 중요한 일을 하고 있다고 생각하며 만족을 느끼고 있어요."

• "우리 회사는 멕시코에 있는 로스팅업체와 협업하고 있죠. 멕시코는 정규 고등교육을 받는 사람이 많지 않아요. 하지만 우리 회사는 졸업장이 아니라 지원자가 어떤 사람이고 어떤 열정을 갖고 있는지를 기준으로 사람들을 채용하는 정책을 펼치고 있어요. 엄청난 성공을 거뒀고요. 그렇게 채용된 사람들 다수가 높은 지위까지 올라갔어요."

"한 예로 에밀리오는 책임 로스터가 되어서 가족들을 빈곤에서 구할 수 있었어요. 최초의 기회가 에밀리오의 삶을 바꿔놨을 뿐만 아니라 주위 사람들에게도 전에는 보지 못했던 가능성을 볼 수 있게 해줬어요."

참석자들에게 15분에서 20분 정도의 시간을 주고 대화 3을 논의하도록 한다. 이때 진행자의 역할은 한 걸음 물러서 있는 것이다. 진행자는 팀이 주제를 벗어난 대화를 하지 않는 이상 끼어들지 않는다.

아마도 참석자들은 대화 3을 통해 특히 강한 정서적 반응을 보일 것이다. 우리는 강인한 비즈니스맨들의 눈에 눈물이 그렁그렁해지는 모습도 여러 번 보았다. 잠시 모든 것을 멈추고 자신의 일이 인간적인 차원에서 근본적으로 어떤 변화를 만들어냈는지 성찰해볼 기회가 생기기 때문이다.

워크숍 중에는 별 감정 없이 차분해 보이던 사람이 나중에 깊은 감동을 받았다고 고백할지도 모른다. 이런 감정을 경험할 때 사람들은 스스로 깨닫든, 그렇지 못하든 간에 회사의 '왜?'와 더 단단한 관계를 가지게 된다.

발표: 영향력 표현 (20분~30분 소요)

논의가 끝나면 각 팀은 대화 3에 대한 자신들의 답을 나머지 팀들과 공유한다. 이번에는 진행자가 적극적으로 개입하여 참석자들의 이야기를 듣고 요약하는 작업이 필요하다. 이 작업에 20분에서 30분 정도를 할애한다.

먼저 새 플립차트 두 개를 회의실 앞으로 가져온다. 각 팀에게 대화 3에서 나온 결과를 공유하도록 하고, 진행자는 참석자들의 발표 내용을 플립차트에 적는다. 진행자가 할 일은 각 팀의 발표를 잘 듣고 그 행동의 '영향력', 타인의 삶을 바꿔놓은 부분을 잘 포착해낸 문장 하나를 찾아내는 것이다. 해당 문장을 두 개의 플립차트에 적어서 모든 사람이 볼 수 있게 한다.

대화 2를 진행할 때와 마찬가지로 여러 팀에서 '영향력'으로 표현한 문장이 비슷할 경우 해당 문장들을 하나로 묶거나 별표를 한다. 그렇게 모든 사람이 영향력과 그 배경이 된 스토리를 떠올릴 수 있게 하나의 문구로 요약한다.

만약 라마르조코의 경우라면 다음과 같이 적을 수 있을 것이다.

- 공동체를 만든다. (세르비아의 바리스타 안드리야의 커피숍이 새로운 사업체들에 영감을 주었다.)
- 사람들이 더 중요한 일을 하고 있다고 느끼고 삶에 만족한다. (엘리자베스와 커피 농장)
- 사람들이 이전에는 보지 못했던 가능성을 보게 된다. (에밀리오가 책임 로스터가 됐다.)

모든 팀이 발표를 끝내면 워크숍 중에 수집한 결과들을 한 자리에 모은다. 여기에는 대화 2에서 나온 동사들이 적힌 플립차트 페이지와 대화 3에서 나온 영향력을 적은 두 개의 플립차트가 포함된다.

해당 플립차트를 회의실 앞에 세워 참석자 모두가 볼 수 있게 한다. 이렇게 다음 단계로 넘어가는 데 필요한 것이 모두 갖춰졌다. 다음 단계는 바로 '왜?' 선언문 초안 작성이다.

3단계: '왜?' 선언문 초안 작성 (35분~40분 소요)

• • •

다음 단계는 참석자들이 세 개의 대화를 통해 도출한 키워드들을 가지고 '왜?' 선언문이 될 수 있는 문장을 2가지 버전으로 만드는 것이다. 우리는 이것을 "왜?' 선언문 후보'라고 부른다. 나중에 이것들은 하나의 초안으로 바뀌고, 그렇게 만들어진 초안을 참석자들은 계속해서 다듬어가게 될 것이다.

" 한 무리의 사람들이
얼마나 놀라운 일을 해낼 수 있느냐는
그들이 팀으로
얼마나 잘 뭉칠 수 있느냐에
달려 있다."

The ability of a group of people
to do remarkable things hinges
on how well those people
can pull together as a team.

'왜?' 선언문 작성법 설명 (5분 소요)

당신이 진행자로서 가장 먼저 해야 할 일은 '왜?' 선언문이 어떻게 생겼는지 보여주는 것이다. 플립차트나 슬라이드를 이용해 참석자들에게 '왜?' 선언문의 기본 구조를 보여주자.

.... **함으로써** .... **한다.**

왜?'를 반드시 이 형식으로 표현해야 하는 것은 아니지만, 이게 가장 쉽고 명쾌한 방식이라고 설명하라. 실천 가능한 '왜?'를 구성하는 두 가지 주된 요소가 빈칸으로 표현되어 있기 때문에 이 형식을 따르면 모두가 가장 중요한 내용에 집중할 수 있다.

이제 '왜?' 선언문을 두 요소로 쪼개라. 첫 번째 요소인 "＿＿＿함으로써"는 회사나 참석자들이 만들어내는 '기여'이다. 두 번째 요소인 "＿＿＿한다"는 그 기여가 사람들에게 미치는 효과나 영향력이다.

앞서 있었던 세 가지 대화의 결과와 '왜?' 선언문의 구조 사이의 관계를 즉각 알아보는 사람도 많을 것이다. 하지만 모두를 위해 이 관계에 대해 한 번 더 짚고 넘어가자.

진행자는 다음과 같이 말하면 된다.

"지금까지 플립차트에 적은 단어와 문구들이 빈칸에 들어갈 것입니다. 대화 1과 대화 2를 통해 도출한 문장은 '왜?' 선언문에서 '기여' 부분에 해당됩니다. 대화 3을 통해 도출된 문장은 '영향력' 부분에 해당되죠. 이렇게 압축적인 '왜?' 선언문 형식에 우리가 살고 싶은 세상(영향력 요소)과 그 세상을 만들기 위해 우리가 월요일 아침에 실천해야 할 행동(기여 요소)을 더하면 '왜?' 선언문을 완성할 수 있습니다."

'왜?' 선언문 후보 작성 (25분 소요)

참석자들을 비슷한 크기의 두 팀으로 나눈다. 주어진 시간 동안 두 팀은 각각 새로운 플립차트에 '왜?' 선언문 후보를 하나씩 작성하고 공유한다.

참석자들이 이 작업의 목적을 이해할 수 있도록 시작 전에 두 가지 사항을 전달하자.

첫째. '왜?' 선언문의 '기여' 부분을 작성하기 위해 각 팀은 회의실 앞에 놓인 플립차트를 참조한다. 플립차트에 적힌 동사 중에서 어느 것이 회사가 만들어내는 기여를 가장 잘 표현하는지 함께 의논해 결정함으로써 '왜?' 선언문의 '기여' 부분을 채울 수 있다. 단어를 선택할 때는 각 동사의 사전적 의미에 얽매이지 말자. 중요한 것은 이 단어들이 일깨우는 '감정'이다.

둘째. '왜?' 선언문의 '영향력' 부분을 끌어내기 위해 참석자들은 또 다른 플립차트에 적힌 '영향력'에 대한 진술들을 검토한다.

의논하는 동안 플립차트에 있는 좋은 테마들을 건너뛰게 될 수도 있다. 자신들이 누구인지 잘 표현하는 것 같으면서도 확실한 1등은 아닌 것들이 존재하기 때문이다. 이런 것들은 나중에 우리가 '어떻게'를 살펴볼 때 유용하게 쓰일 것이므로 아쉬워할 필요는 없다. 지금은 비슷비슷한 것들 중에서도 마음에 깊은 울림을 주는, 가장 중요한 단어를 고르는 데 집중한다.

각 팀의 목표는 상대팀에서 "그쪽 것으로 합시다!"라는 말이 나올 수 있을 만큼 감동적인 '왜?' 선언문 후보를 작성하는 것이다.

각 팀에 '왜?' 선언문 후보 하나를 작성할 시간으로 25분을 주고, 회의실 앞쪽 플립차트에 있는 단어나 문구만을 활용해야 한다는 점을 상기시키자. 각 선언문은 반드시 구성원들의 진심이 담긴 이 재료들로부터 도출되어야 한다. 그렇지 않다면 '왜?' 선언문은 다시 일반적인 열망을 담은 마케팅 슬로건으로 전락하고 말것이다.

각 팀이 목표를 벗어나지 않도록 '왜?' 선언문 후보는 플립차트에 있는 스토리 두 개와 연결될 수 있어야 한다고 알려라. 25분이 긴 시간은 아니지만 이 작업을 하기에는 충분하다. 시간을 길게 잡지 않는 이유는 참석자들이 너무 오래 생각하지 않고 직감(대뇌 변연계)을 따르기를 바라기 때문이다.

지금 이 순간의 목표는 최종 '왜?' 선언문에 이르는 것이 아니라 그것을 향한 첫 발짝을 떼는 데 있다. 그러므로 문장을 매끄럽게 다듬거나 그럴싸하게 만드는 데에 시간을 들이지 않도록 주의하자.

또 하나, 약간의 시간 압박을 주는 이유는 사람들을 감정에 의존하게 만들기 위해서다. 시간이 없다는 두려움은 사람들로 하여금 "에잇, 뭐 어때?"라고 말하며 그냥 '느낌이 오는 대로' 움직이게 해준다.

발표: '왜?' 선언문 후보 제시 (5분~10분 소요)

발표 시간은 각 팀당 최대 2분을 넘지 않도록 짧게 정한다. 각 팀의 발표 내용은 아래의 두 가지 사항을 반드시 포함하되 그 이상의 말은 덧붙이지 않는다.

* (설명이나 구체적 내용 없이) 본인들이 만든 '왜?'를 발표한다.
* 앞서 워크숍에서 공유한 스토리 중에서 지금 발표하는 '왜?'를 가장 잘 표현할 수 있는 스토리 2개를 선언문과 연결한다.

이렇게 하면 실제 우리 모습을 기초로 한 '왜?'를 발견할 수 있고, 더 설득력 있게 구성원들과 '왜?'를 공유할 수 있다.

진행자를 위한 팁

각 팀이 발표하는 동안 다른 팀에 속하는 사람 한 명이 그 모습을 촬영한다. 대단한 장비는 필요하지 않고 휴대전화나 태블릿 PC에 있는 카메라면 충분하다. 발표 내용을 녹화하면 각 팀이 좀 더 발표에 집중할 수 있다. 또한 '왜?' 발견 과정의 경험 한 조각을 보존함으로써 향후에 참조할 수도 있다.

두 팀이 각자의 '왜?' 선언문 후보를 발표하고 나면 참석자들은 압도적으로 어느 한 쪽의 선언문을 지지할 수도 있다. 이렇게 어느 한 후보에 의견이 모아지는 경우에는 해당 선언문이 앞으로 참석자들이 작업할 '왜?' 선언문 초안이 된다.

때로는 '왜?' 선언문 후보 둘을 합쳐야만 본인들의 '왜?'를 가장 잘 표현할 수 있다고 생각할 수도 있다. 그럴 때는 하나의 '왜?' 선언문 초안이 나오도록 서로 협력하자.

진행자를 위한 팁

작업을 시작한 각 팀이 특정 단어의 의미를 놓고 논쟁에 빠지는 경우가 있다. 그럴 때는 팀원들에게 문제가 된 단어의 배경이 되는 스토리로 돌아가서 그 밑에 놓인 '감정'을 살피게 하라. 중요한 것은 단어의 사전적 의미가 아니라, 그 단어가 팀원들에게 갖는 더 깊은 의미이다.

기억하라. 이 워크숍의 목적은 75퍼센트에서 80퍼센트 정도 완성된 '왜?' 선언문을 만들어내는 것이다. 그렇기 때문에 앞에서 우리는 이것을 '초안'이라고 밝혔다. 워크숍이 끝난 후에도 '왜?'에 대한 대화는 계속되어야 한다.

'왜?' 선언문 초안이 만들어지고 나면 참석자들은 아마도 작업이 더 필요하다고 느낄 것이다. 그럴 경우 계속해서 선언문을 다듬고 싶은 지원자(6명 이상을 추천한다)를 받고, 이들이 이후 2주 동안 만나 '왜?' 선언문 초안의 단어들을 다듬도록 한다. 적합하다고 생각되는 단어를 찾는 데는 시간이 좀 걸릴 수도 있다. 그게 정상이다. 가장 중요한 것은 '왜?' 선언문 초안이 실천 가능해야 한다는 점이다.

'왜?' 선언문 초안의 예시를 몇 개 보자.

- 사람들을 믿음으로써 그들이 그들 자신을 믿을 수 있게 한다.
- 사람들이 다르게 생각하게 만듦으로써 새로운 가능성에 눈뜨게 한다.

위 2개는 정확한 형식으로 되어 있다. 간단하고 명료하고 실천 가능하며 '무엇을'로부터 자유롭고 타인에게 하는 봉사에 초점이 맞춰져 있다. 또한 참석자들에게 울림을 주는 긍정적 언어를 사용했다.

- 우리 자신을 끊임없이 개선함으로써 앞으로 직면할 난관을 잘 극복할 준비를 한다.
- 세상에 좋은 일을 하고, 사람들이 능력을 축적하도록 돕고, 끊임없이 배우고, 방향이나 비전에 대한 분명한 생각을 가짐으로써 사람들이 효과적이면서도 성공적으로 자신과 가족, 공동체를 위해 많은 것을 성취할 수 있게 한다.

위 2가지를 어떻게 개선해야 할지 보이는가? 첫 번째는 타인에게 어떤 영향력을 미칠지가 아니라 '우리 자신'에 관한 얘기를 하고 있다. 두 번째는 타인에 관한 이야기이지만 너무 복잡해서 실천은 고사하고 기억조차 하기 힘들다.

마지막으로 수정이 많이 필요한 예시를 두 가지 더 보자.

- 우리 딜러들을 지원함으로써 그들의 사업이 지속 가능하게 만들고 더 높은 이익을 실현하도록 한다.
- 고객들이 자산의 모든 면면을 관리할 수 있게 도움으로써 자산 관리에서 하나도 놓친 것이 없다고 안심할 수 있게 한다.

위 두 개는 '왜?'가 아니라 '무엇을'에 초점을 맞추고 있다.

‘왜?’ 발견 과정은 결과물뿐만 아니라, 여정도 매우 중요하다. ‘왜?’를 찾는 여정을 통해서 우리는 ‘왜?’를 진실하고 진정성 있고 오래 지속되도록 만드는 정서적 유대감을 쌓을 수 있다.

워크숍을 마친 후에도 수개월 혹은 수년에 걸쳐 회사의 ‘왜?’ 선언문은 조금씩 바뀔 수 있다. 하지만 그 단어들 뒤에 있는 감정은 변해서는 안 된다.

정리 (10분~15분 소요)

‘왜?’ 발견 과정은 많은 에너지를 만들어낸다. 워크숍이 끝날 때쯤이면 많은 이들이 회사의 ‘왜?’를 실현하겠다는 의욕으로 활활 불타고 있을 것이다. 이렇게 만들어진 모멘텀을 활용할 수 있게 돕자.

‘왜?’ 발견 워크숍의 마지막에는 참석자들이 업무 현장에서 ‘왜?’를 실천할 방법에 관해 의논할 수 있도록 하라. 매일의 업무에 ‘왜?’를 실천할 수 있는 방법을 몇 가지 제시하면 아래와 같다.

- ‘왜?’와 일치된 행동을 하는 사람을 보면 인정하고 칭찬하라.
- 의사결정을 내릴 때는 ‘왜?’를 중심으로 한 필터를 활용하라. “이 선택이 회사의 ‘왜?’를 실천하는 데 도움이 되는가?”라고 물어보고, 그에 맞춰 행동하라.
- ‘왜?’의 맥락에서 ‘어떻게’와 ‘무엇을’을 재정비하라. 새로운 임무를 할당하거나 새로운 전략을 실행할 때는 그런 것들이 ‘왜?’의

표현임을 사람들이 잘 알 수 있게 하라.

- 의식적으로 리더십을 가져라. 스스로에게 습관적으로 "우리의 '왜?'를 제대로 구현하기 위해 리더로서 나는 오늘 뭘 했나?"라고 물어보라.
- 사내의 모든 사람이 자신의 '왜?'를 발견하고 그 '왜?'가 회사의 '왜?'와 어떻게 들어맞는지 알 수 있는 기회를 제공하라.

지금까지 집단의 '왜?' 발견 과정을 진행하는 방법을 알아보았다. 잘 알겠지만 워크숍을 진행한다는 것은 단순히 순서를 이행하는 게 아니다. 회의실에 모인 사람들이 내일 아침부터 더 보람되고 행복하게 일할 수 있게 돕겠다는 남다른 사명감과 애정이 필요하다.

우리 팀은 집단의 '왜?'를 찾도록 도와주는 작업을 무척 좋아한다. 큰 성취감을 안겨주기 때문이다. 수없이 많은 '왜?' 발견 과정을 진행해 보았지만, '왜?'를 찾고 싶다는 간절한 열망으로 회의실을 가득 채운 사람들 앞에 서면 아직도 여전히 가슴이 두근거린다. 그럴 때면 우리는 심호흡을 한 번 한다. 그리고 무언가를 하려고 하기보다 거기 앉은 사람들과 눈을 맞춘다.

유능한 진행자가 되려면 순서를 따라야 할 때와 직감을 믿어야 할 때를 구분할 줄 알아야 한다. 그 사이에서 절묘한 균형을 찾아야만 각 집단이 저마다의 방식으로 그들의 '왜?'를 발견할 수 있다.

워크숍을 진행할 때 도움이 될 만한 몇 가지 키포인트를 이 책 끝에 부록으로 담았다. 처음 '왜?' 발견 워크숍을 준비하는 사람이라면 부록을 참조하면서 본인의 직관을 곁들이는 것도 좋은 방법이다.

'어떻게'를 정의하라

'왜?'를 알고 난 다음에 할 일

FIND
YOUR
WHY

· · ·

6장의 목표는 골든 서클을 완성하는 것이다. 골든 서클은 세 부분으로 구성되어 있다. '무엇을', '어떻게', '왜?'가 각각 그것이다. 이 세 부분은 모두 공히 중요하며, 이것들이 서로 균형을 이룰 때 우리는 '자연스러운 최고의 모습'이 된다. 진정으로 나의 '왜?'에 따라 살게 되는 것이다.

'왜?'는 나의 목적, 대의, 또는 신념으로서 내가 하는 모든 일의 추진력이다. '어떻게'는 우리가 자연스러운 최고의 모습이 되어 '왜?'를 실천할 때 취하는 행동이다. '무엇을'은 '왜?'가 구체적으로 구현된 것으로서, 우리가 매일 실제로 하는 일이다.

다른 어떤 개인이나 조직이 나와 비슷한 '왜?'를 가지고 있다 하더라도 그것을 실천하는 '어떻게'가 다르기 때문에 우리는 그들과는 달라진다. 따라서 '왜?'와 '어떻게'가 결합된 모습은 마치 지문처럼 오직 나만의 것일 수밖에 없다.

'왜?' 선언문과 마찬가지로 '어떻게' 역시 열망을 나타내서는 안 된다. '어떻게'는 우리가 되고 싶은 사람을 표현하는 것이 아니다. '어떻게'는 우리가 최고의 모습일 때 실제로 행동하는 방식, 실제로 우리가 하는 일을 표현한다. 우리가 번창할 수 있는 환경을 만들기 위해 매일매일 취할 수 있는 행동이 되어야 한다.

'어떻게'를 똑똑히 말로 표현하는 데 필요한 기초 작업은 이미 끝났다. '왜?' 발견 과정에서 만들었던 테마 목록으로부터 '어떻게'를 이끌어낼 수 있기 때문이다. 최종적으로 '왜?' 선언문에 들어가지 않았던 테마들은 '어떻게'의 토대가 되어 이론 상태였던 것을 실천하게 해줄 것이다.

'어떻게'는 곧 나의 강점이다

• • •

개인 혹은 집단의 '왜?' 발견 과정에서 우리는 여러 가지 테마를 확인했다. 이 테마들은 곧 나의 강점이 된다.

파트너나 진행자는 아마도 그동안 나와 내 조직의 정체성에서 중요하지 않게 여기고 지나쳤던 부분들의 가치를 발견하게 도와주었을 것이다. 그런 행동들은 정작 나 자신에게는 너무나 자연스러운 것이기 때문에 '이게 뭐 대수라고. 그런 상황이면 누구나 그렇게 행동하는 거 아냐?'라고 생각할 수도 있다. 하지만 우리가 '가치관'이라는 이름으로 행동하는 여러 방식들이나 우리가 소중히 생각하는 사항들이 실은 사람에 따라, 조직에 따라 아주 다를 수 있다.

참여자들은 워크숍을 통해 자신이 세계적인 수준의 무언가를 가진 유일무이한 사람임을 깨닫게 된다. 한 발 뒤로 물러나 이들이 가진 '왜?'의 패턴을 살펴보면 주인공들이 얼마나 눈부시게 훌륭한 사람인지 알 수 있다.

'어떻게'는 '왜?'에 도달하기 위한 구체적인 방법론이다. 즉, 내가 최고의 모습이 되는 데 필요한 요소들이다. 이것들이 합쳐져 성공의 공식, 나의 강점이 된다. 집단도 마찬가지다.

우리 팀에는 사람들이 강점에 집중하도록 돕는 문화가 있다. 약점을 신경 쓰지 않는다는 뜻이 아니다. 나에게 부족한 점을 메우느라 몇 배의 노력을 하기보다는 각자 잘하는 것에 집중하여 성과를 내는 방식으로 팀을 운영한다는 뜻이다. 그래서 우리 팀은 각자의 강점을 발휘할 수 있는 '어떻게'를 가지고 있다.

예를 들어 '사람들이 앞으로 전진할 수 있게 도움으로써 그들이 세상에 흔적을 남기게 한다.'라는 '왜?'를 가진 데이비드는 아래와 같은 '어떻게'를 가지고 있다.

- 큰 그림을 본다.
- 책임을 진다.

- 대안적 시각을 탐구한다.
- 매듭을 짓는다(시작을 하면, 끝을 낸다).
- 모든 경험에서 배운다.

'사람들이 탁월해지게 만듦으로써 그들이 탁월한 일을 할 수 있게 한다'는 '왜?'를 가진 피터는 아래와 같은 '어떻게'를 가지고 있다.

- 복잡하게 생각하지 않는다.
- 발코니에서 일어선다(더 큰 맥락을 본다).
- 새로운 아이디어를 적극 받아들인다.
- 인간관계를 쌓는다.
- 한계에 도전한다.

우리는 같은 맥락의 '왜?' 선언문을 갖고 있다. 비록 우리의 목적과 대의, 신념을 표현하는 용어는 서로 다르지만, 남들이 최고의 모습이 되도록 돕는다는 점에서는 같다.

이렇게 같은 지향점을 가지고 있기에 우리는 함께 일하면서 큰 보람을 느낀다. 하지만 우리가 혼자일 때보다 함께일 때 훨씬 더 큰 영향력을 발휘할 수 있는 것은 우리의 강점이 서로 다르기 때문에, 즉 서로 보완적인 '어떻게'를 가진 덕분이다. 이와 관련된 일화를 소개하겠다.

우리는 보통 40명 정도의 인원으로 워크숍을 진행한다. 그런데 한 번은 150명 규모의 워크숍을 운영해달라고 요청한 고객이 있었다. 할 수는 있었지만 최선의 결과를 얻으려면 하루 종일이 걸릴 듯했다. 그러나 고객은 4시간 밖에 시간을 낼 수 없었다.

처음 우리의 반응은 '불가능해!'였다. 남들 같으면 그 자리에서 바로 항복 의사를 표현했을 것이다. 하지만 우리는 이것이 150명의 사람들이 최고의 모습이 되도록 도와줄 수 있는 기회임을 간과할 수 없었다.

우리는 머리를 맞대고 아니, 서로의 '어떻게'를 맞대고 주어진 시간 내에 워크숍 참석자들이 적극적으로 참여할 수 있고, 무언가 영감을 얻어갈 수 있는 최선의 방법을 찾아내기 위해 골몰했다.

우리는 본능적으로 당면한 상황을 한눈에 정확히 보고 싶다는 욕구를 느꼈다. 데이비드의 '큰 그림을 본다'와 피터의 '발코니에서 일어선다'는 따지고 보면 유사한 내용이다. 둘 다 행동보다는 전략을 중시했다. 둘이 같은 종류의 강점을 가지고 있다는 것은 무척 다행이었다.

과제를 해결하려면 우리는 늘 하던 방식에서 벗어나야 했다. 지극히 익숙한 일을 아주 다른 방식으로 해내야 했다. 피터 역시 '새로운 아이디어를 적극 받아들이는' 데는 강점이 있었지만, 이날의 수훈갑은 '대안적 시각을 탐구'하는 데이비드의 능력이었다. 데이비드는 사람들이 획기적이고 강력한 경험을 할 수 있도록 콘텐츠를 아주 참신하게 각색하는 남다른 강점이 있었다.

성공 공식을 찾아낸 다음에도 난관이 하나 있었다. 우리가 찾아낸 공식이 다소 복잡하다는 점이었다. 워크숍이 성공하려면 많은 사람들이 길을 잃지 않도록 잘 가이드하고, 세세한 부분까지 챙기며 섬세하게 운영해야 한다. 이걸 대체 어떻게 해내야 할까?

답은 간단했다. 이 부분에서는 '복잡하게 생각하지 않는다'라는 '어떻게'를 가진 피터가 앞장서서 모든 사람이 오해 없이 우리의 계획을 이해하고 지원하도록 만들었다. 결국 우리는 평소보다 훨씬 큰 규모의 이 워크숍을 성공적으로 치를 수 있었고, 아주 큰 성취감을 맛봤다. '사람들이 앞으로 전진하게 하고 탁월하게 살게 만든다'는 우리의 '왜?'를 실천하기 위해 '어떻게'를 잘 이용한 덕분이었다.

사실 이런 팀워크는 꽤나 복잡한 작업이다. 뒤죽박죽이고 즉흥적이고 인간적으로 진행된다. 그럼에도 불구하고 우리의 '어떻게'는 공통의 언어를 사용해 서로의 강점을 볼 수 있게 만들었다. 그 덕분에 팀원들은 훨씬 더 쉽게 서로의 강점에 의지하고 협업해 임무를 완수할 수 있었다.

이렇게 나의 강점에 초점을 맞추고 동료의 감정을 활용한다면 불가능도 가능으로 만들 수 있다.

" 리더가 할 수 있는 가장 큰 기여는
다른 사람들을 리더로 만드는 것이다."

The greatest contribution
of a leader is to
make other leaders.

필터로서의 '어떻게'

• • •

'어떻게'를 분명히 규정하고 나면 자연스럽게 내가 강점을 발휘할 수 있는 환경과 여건을 마련할 수 있다.

가치관에 맞는 사람들과 함께 일하고, 그런 프로젝트를 맡고, 또 그런 조직에서 일하고 싶다면 '어떻게'를 필터로 활용할 수 있다. 간단하고 실천 가능한 방식으로 '어떻게'를 정리한 다음에는 현실에서 그것을 어떻게 적용할 지 구체적인 몇 가지 설명을 추가해두면 좋다.

그렇게 하면 나에게도, 내가 협업하는 사람들에게도 유용하다.

사이먼의 경우를 예로 보자. 사이먼의 '어떻게'는 아래와 같다.

1. 참신한 관점을 취한다

• 사안을 다른 시각으로 바라본다. 기존과는 다른 방법을 기꺼이 채택한다.

• '이 일을 해내는 다른 더 좋은 방법은 없는가?'라고 묻는다.

• 일단 시도해보고, 효과가 없으면 다른 방법을 또 시도한다.

2. 무엇이든 단순하게 만든다

• 단순한 것은 모두가 이해할 수 있다. 내가 하는 말을 열 살짜리도 알아들을 수 있어야 한다.

• 단순한 언어와 아이디어는 이해하기 쉽고, 실천하기도 더 쉽다.

3. 낙관적 시각을 견지한다

• 모든 상황, 모든 사람에게서 긍정적인 면을 찾는다.

4. 모든 것을 공유한다

• 아이디어와 감정을 공유한다. 다른 사람들에게도 공유하는 법을 알려주고 권장한다.

• 특히 내 아이디어가 완벽하지 않을 때는 더 적극적으로 남들과 공유한다. '최악의' 아이디어도 다른 무언가의 토대가 될 수 있다.

• 공유하지 않으면 다른 사람들은 내 감정이나 내가 원하는 것을 알 수 없다.

5. 장기적 결과에 초점을 맞춘다

• 낱낱의 것에 집중하기보다는 더 오래, 장기적으로 지속되는 것을 만들어간다.

• 임의의 숫자나 날짜를 지키는 것보다는 전반적인 추세와 모멘텀에 집중한다.

사이먼은 자신의 '어떻게'를 매일매일 실천할 수 있도록 구체적으로 표현하고 있다. 사이먼은 이 '어떻게'를 이용해 새로운 프로젝트나 기회가 자신의 '왜?'를 실천하는 데 도움이 되는 일인지 판단한다.

오래 전에 어느 기업의 리더가 사이먼에게 사람을 최우선으로 놓는 조직을 만들도록 도와달라고 했다. 사이먼은 그 말을 듣자마자 이 리더가 마음에 들었다.

기억하겠지만 사이먼의 '왜?'는 '사람들이 자신에게 영감을 주는 일을 하도록 격려함으로써 다 함께 세상을 바꾼다.'이다. 사이먼은 '사람을 우선하는' 조직 문화가 직원들에게도, 고객들에게도 매우 고무적이라는 사실을 알고 있다. 그러나 어느 조직이 사고방식뿐만 아니라 시스템과 프로세스를 바꾸어서 사람을 우선하는 조직으로 거듭나게 하는 일은 결코 쉽지 않다. 이런 협업이 성공하려면 오랜 시간이 걸리기 때문에 서로 합이 잘 맞아야만 한다. 사이먼과 그 리더는 '왜?' 수준에서는 서로 뜻이 맞았지만 그것은 첫 번째 필터에 불과했다.

사이먼은 좋은 느낌을 받았으나 좀 더 검증이 필요했다. 그는 리더가 생각하는 파트너십이 무엇인지에 대해 몇 가지 질문을 했다. 리더는 신이 나서 복잡한 그림까지 그려가며 어떻게 캠페인을 펼칠지 보여주었다. 그리고 빠른 결과를 볼 수 있어야만 이사회가 이 캠페인에 투자할 것이라고 힘주어 말했다.

적신호였다. 이 복잡한 그림을 가지고 '빠른 결과'를 바란다면 장기적 발전을 뜻하는 것은 아닐 가능성이 컸다.(사이먼의 '어떻게' 중에는 '장기적 결과에 초점을 맞춘다'가 있다.)

사이먼은 우려를 표하면서 '빠른 결과'가 무슨 뜻인지 물었다. 사이먼은 만약 이사회가 바라는 것이 처음 몇 달간 캠페인이 잘 진행되고 있는지 확인하는 것이라면 몇 가지 선행 지표를 통해 보여줄 수 있다고 생각했다. 더불어 사이먼의 팀과 협업하기 위해서는 리더 본인이나 이사회가 완전히 새로운 관점에 마음을 열어야 한다는 사실을 설명했다(사이먼의 '어떻게' 중에는 '참신한 관점을 취한다'가 있다.).

변화를 꾀하려면 기존에 해오던 것과는 다른 방법을 기꺼이 채택할 수 있어야 했다. 결국 계획의 복잡성(사이먼의 '어떻게' 중 '늘 단순하게 만든다'와 관련)이나 예상 스케줄, 경영진의 사고방식을 종합해볼 때 그들과 사이먼은 좋은 협업 파트너가 될 수 없다는 결론에 이르렀다.

그곳은 대형 기업이었고, 많은 이들의 삶을 접할 수 있다는 것은 멋진 기회였다. 사이먼의 커리어를 생각하더라도 이 회사는 포트폴리오의 훌륭한 한 줄이 되어줄 수 있었다. 그럼에도 불구하고 이 프로젝트를 맡는 것은 옳은 일 같지가 않았다.

사이먼은 자신이 자연스러운 최고의 모습을 발휘할 수 없는 환경에 뛰어들어 서로가 힘겨워 하느니, 차라리 멀리서 이 회사를 응원하는 편이 낫다는 것을 경험으로 알고 있었다. 그러나 이 리더가 너무나도 간절히 자기 회사의 문화를 바꾸고 싶어 한다는 사실만큼은 누구보다 잘 알고 있었기 때문에 사이먼은 그에게 더 잘 맞겠다고 생각되는 곳을 몇 군데 소개해주었다.

이제부터는 당신도 중요한 의사결정을 내릴 때 '어떻게'를 필터로 사용하라. 모든 인간관계나 프로젝트, 파트너십이 나의 '어떻게'와 완벽하게 일치할 수야 없겠지만, 어려움이나 긴장이 유발될 수 있는 상황은 충분히 예측하고 대비할 수 있을 것이다. 그러면 잠재적 이슈에 관해 사전에 서로 이야기할 기회를 가질 수 있고, 파트너십을 성공시키기 위해 나도, 상대방도 더 잘 준비할 수 있다.

반대 경우도 마찬가지다. 실망스러운 어떤 상황에서 "뭔가 감이 좋지 않은데 정확히 꼬집어 말할 수는 없는 경우"에 '어떻게'를 활용해 잘못된 부분이 어디인지 찾아낼 수 있다. 때로는 '어떻게'의 목록을 훑어보는 것만으로도 즉시 뭐가 잘못되었는지 말로 표현할 수 있을 것이다. 내가 실망한 부분이 무엇인지 말로 표현할 수 있으면 상황을 바로잡는 데 필요한 것을 요청하기도 더 쉽다.

우리는 팀원들에게 자신의 골든 서클뿐만 아니라 뜻이 잘 맞지 않는 동료의 골든 서클도 한 번 살펴보라고 권한다. 때로는 상대의 강점이 나를 가장 괴롭히는 부분일 때가 있다. 이런 모든 점들을 알고 나면 상대에게 공감할 수 있으며, 팀원들의 재능을 인정하는 데도 도움이 된다. 그러면 공통의 언어로 문제에 대해 이야기할 수 있고 그 상황을 빠르게 돌파할 수 있다. 툴이라는 것이 으레 그렇듯 나의 '어떻게'도 더 자주 이야기하고 활용할수록 사용법에 더 능숙해진다.

회사의 가치관 VS '어떻게'

• • •

집단의 '어떻게'를 표현하기 위한 기초 과정은 개인의 경우와 아주 유사하다. 집단의 '어떻게'는 그 집단에게 가이드가 되는 원칙이다. 이 원칙은 '왜?' 발견 과정에서 드러난 테마로부터 도출된다.

집단의 '왜?' 발견 과정을 진행해달라는 요청을 받고 기업을 방문해보면 가치관을 가지고 있는 경우가 대부분이다. 그런데 벽에 커다랗게 기업의 가치관을 써 붙여놓았음도 불구하고 실제 그 뜻을 아는 사람은 거의 없다. 직원들 몇 명을 붙잡고 해당 기업의 핵심 가치인 '성실'의 의미가 뭐냐고 물으면 서로 다른 답들을 내놓는다.

우리 팀이 협업한 회사들 중에도 회의실 벽에 핵심 가치를 써 놓은 곳이 많았다. '정직', '근면', '다양성', '성실'처럼 다양하고 흔한 단어들이다. 물론 이런 가치들도 아무 문제는 없지만, 이것들이 구체적인 행동을 이끄는 '어떻게'는 아니다.

대부분의 기업은 최고의 모습일 때 자신들이 어떤 활약을 하는지를 바탕으로 핵심 가치를 정하지 않는다. 기업들은 보통 '단순한 열망'을 핵심 가치로 정한다. 직원들이 실제로 보여주고 있는 모습이 아니라 직원들이 구현했으면 하고 '바라는' 자질을 핵심가치로 표현하는 것이다.

하지만 '어떻게'는 열망이 아니다. '어떻게'는 우리가 '되고 싶은' 모습을 표현하지 않는다. '어떻게'는 우리가 최고의 모습일 때 실제로 행동하는 모습, 실제로 하는 일을 표현한다.

'어떻게'와 핵심 가치 사이의 또 다른 차이점은 '가치는 그 자체로 행동이 아니다'라는 점이다. '예의'는 '가치'고, '사람들을 친절과 존경으로 대한다'는 '어떻게'다. 핵심 가치를 어떻게 적용할지가 즉각적으로 보이지 않은 경우 이런 구별은 더욱 중요해진다.

누군가 새로운 직장에 출근해 카페테리아에 붙어 있는 기업의 핵심 가치 포스터를 보았다고 치자. '성실'이라는 단어를 본 사람은 '좋아. 그런데 뭘 하라는 거지?'라고 생각할 수도 있다. 하지만 이 사람이 기업의 '왜?' 선언문이 적힌 글을 받았고, "언제나 진실을 말하라."라는 '어떻게'를 보았다면 어떨까? 또 나중에 선임자가 사원 교육 시간에 "우리 회사는 제품을 팔기 위해 제품의 효과를 과장하지 않습니다."라고 말했다면 어떨까? 이 경우라면 분명 "이곳에서 일할 때 어떤 기준으로 행동할 지 명확해졌군!"이라고 생각할 것이다.

직원들이 기업의 핵심 가치를 지키길 바란다면 그 핵심 가치가 발휘되는 모습을 알려주어야 한다. 다시 말해 '어떻게'는 간단하면서도 행동으로 옮길 수 있는 것이어야 한다.

기업 경영진을 만나보면 종종 기존의 '가치 목록'에 집착하는 경우가 있다. 이유는 다양할 것이다. 너무 오랫동안 공개적으로 내세우다 보니 느닷없이 바꾸면 진정성이 없다고 느낄 수도 있다. 또는 이미 컨설턴트의 도움을 받아 그 가치들을 발굴하고 전개하는 데 큰 지출을 했기 때문에 바꾸는 것이 내키지 않을 수도 있다.

이유가 무엇이든 간에 그런 상황에 놓여 있다면 4장과 5장에 나오는 집단적 접근법을 충실히 따른 다음, 발견된 테마들로 기업의 기존

가치에 색깔을 입혀볼 것을 추천한다. 기업이 이미 가진 것과 구성원들이 발견한 테마 중에는 분명히 겹치는 부분이 발견될 것이다. 그렇게 자연스럽게 합쳐지는 부분에서 더 의미 있고 깊이 있는 연결점을 만들어내라.

'어떻게'를 가지고 '왜?'를 실천하라

• • •

1950년대 코스타리카에 살던 엔리케 우리베는 식료품 쇼핑 문화를 완전히 바꿔놓은 아이디어를 하나 수입하기로 결심했다.

코스타리카 사람들은 상점에 가면 카운터 뒤에 서 있는 사람에게 필요한 것을 이야기했다. "밀가루 1킬로그램, 식용유 1리터, 빵 한 개 주세요"라고 말이다. 그러면 점원이 큰 자루나 드럼통에서 손님이 주문한 것들을 가져다주었다.

미국도 오랫동안 이런 시스템을 사용했지만 지금은 아니었다. 이제 미국에서는 '셀프서비스 마트'가 표준이 되어 있었다. 셀프서비스 마트에서는 온갖 제품이 진열대에 이미 전시되어 있고, 손님이 직접 원하는 물건을 카운터로 가져왔다. 이런 식으로 쇼핑을 하면 선택권도 더 넓어지고 한 번에 더 많은 손님이 상점을 이용할 수 있었다.

엔리케는 코스타리카에서도 이런 방식으로 상점이 운영되기를 바랐다. 하지만 혁신적인 아이디어를 가진 사람들이 흔히 그렇듯이 엔리케도 저항에 부딪혔다.

사람들은 다양한 이유로 엔리케의 계획을 비웃었다. 누구는 좀도둑이 늘 거라고 했고, 누구는 그냥 물건을 찾는 수고를 점원이 해주는 게 좋다고 했다. 공급망 전체를 재정비해야 할 거라고 지적하는 사람도 있었다. 더 이상 제품을 큰 통이나 자루에 담아오는 게 아니라 개별 포장해야 할 것이고, 상점도 훨씬 더 많은 재고를 부담해야 했다.

1960년 엔리케는 가족인 마르타, 플로리, 루이스와 함께 '마스 메노스Mas x Menos'라는 상점을 열었다. 새로운 쇼핑 방법에 관한 엔리케의 비전을 실현한 슈퍼마켓이었다.

사람들은 좋아했다. 결국 마스 메노스는 500개 이상의 매장을 가진, 코스타리카에서 가장 큰 소매 체인점이 되었고 시장의 판도를 완전히 바꿔놓았다.

엔리케의 아들 로드리고와 카를로스는 혁신에 대한 아버지의 열정을 계속 이어갔다. 나중에는 이 슈퍼마켓 체인을 팔았지만, 두 형제는 쿠에스타모라스Cuestamoras를 설립했다. 쿠에스타모라스는 건강, 숙박, 도시 개발 및 에너지 등 분야에 10여개 이상의 기업을 거느린 모회사이다.

그런데 세월이 흐르고 쿠에스타모라스가 성장하면서 각각 회장과 부회장을 맡은 로드리고와 카를로스는 한 가지 문제점을 인식했다. 여러 산업에 걸친 많은 기업들을 거느리다보니 쿠에스타모라스는 두 형제가 생각하는 기업 이념, 즉 설립 목적을 상실할 위기에 처해 있었다.

최초의 제품이나 서비스를 뛰어넘어 사업을 확장하는 기업들이 흔히 겪는 위험이었다. 자신들이 하고 있는 '무엇을'에 지나치게 초점을 맞추다보니 '왜?' 사업을 시작했고 '어떻게' 이어나가야 할지 길을 잃은 것이다.

결국 2014년, 우리베 형제는 회사의 '왜?'를 제대로 표현하는 일에 착수했다. 회사가 지금 하고 있는 모든 일을 창립자의 생각과 서로 연결할 수 있는 '황금 실'을 찾아보기로 했다. 두 형제는 개인의 '왜?' 발견 과정을 밟으면서 쿠에스타모라스의 존재 이유를 확인했다.

'부단히 혁신함으로써 모든 사람을 위한 기회를 창조한다.'

또한 두 사람은 그동안 의사 결정을 내리고 사업을 운영할 때 의지해온 '어떻게'가 무엇인지 다음과 같이 정확한 언어로 표현할 수 있었다.

- 신기원을 이룬다.
- 변화를 적극 받아들인다.
- 겸손한 자세로 배운다.
- 옳은 일을 한다.
- 함께 일한다.

현재 쿠에스타모라스는 엄격한 '원칙'을 가지고 '어떻게'를 실행하는 데 큰 가치를 두고 있다.

쿠에스타모라스의 '무엇을'은 다양하지만 새로운 프로젝트를 시작할 때마다 두 사람은 '쿠에스타모라스 시스템'이라는 접근법을 취하고 있다.

이 시스템의 1단계는 이렇게 질문해보는 것이다. '이 프로젝트를 추진하는 것이 우리의 '왜?'를 실천하는 데 도움이 되는가?' 그 대답이 '예스'라면 회사는 끝까지 회사의 '어떻게'를 철저히 준수하면서 프로젝트를 추진한다.

1950년대 이후 가업은 변화했고, 크게 확장됐다. 하지만 엔리케가 남긴 진정한 유산은 그 아들들을 통해 이어지고 있다. 아들들이 마스 메노스 1호점의 뿌리가 되었던 엔리케의 '왜?'를 재발견했고, 설립자의 가치와 행동에 맞춰 회사의 '왜?'를 강화했기 때문이다.

이 '왜?'와 '어떻게'가 늘 중심에 있기만 하다면, 로드리고와 카를로스가 얼마나 많은 사업과 산업에 진입하느냐는 문제가 되지 않는다. 회사의 '무엇을'이 아무리 많이 바뀌어도 회사의 '왜?'와 '어떻게'가 늘 튼튼한 닻이 되어 중심을 잡아줄 것이다.

지금부터 '어떻게'를 찾아서 표현하는 방법을 알아볼 것이다. 그런데 본격적으로 이 과정을 시작하기 전에 주의할 점이 있다. 이번 장에서 본 '어떻게'의 예들은 특정한 개인이나 조직의 사례다. 따라서 당신의 '어떻게'가 이 예들과 같거나 비슷해야 할 이유는 전혀 없으며, 같을 수도 없다. 당신의 '어떻게'는 당신이나 당신 이 속한 그룹이 '왜?' 발견 과정에서 공유한 스토리로부터 도출될 것이다. 그래야만 단순히 듣기 좋은 캐치프레이즈가 아니라 진정한 당신의 '어떻게'가 될 수 있다.

'어떻게'를 언어로 표현하는 과정을 로드맵으로 표현하면 다음과 같다. 개인과 집단 모두에 해당한다.

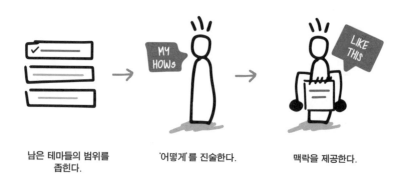

남은 테마들의 범위를   '어떻게'를 진술한다.   맥락을 제공한다.
좁힌다.

" 어떤 운동이
영향력을 가지려면
리더뿐만 아니라 참가자들이 모두
그 운동의 주인이 되어야 한다."

If a movement is to
have an impact it must
belong to those who join it
not just those who lead it.

'어떻게' 도출 과정

• • •

'왜?' 발견 과정을 끝내고 나면 당신이 이야기한 스토리 속에서 수많은 테마가 확인된다. 이 테마들 중에 한두 가지(가장 큰 울림을 준 것)는 '왜?' 선언문에 들어갔고, 나머지 테마는 그대로 남아 필요한 곳에 쓰이기를 기다리고 있을 것이다.

이번 장의 뒷부분에서는 남은 테마들을 '어떻게'로 바꾸는 방법에 관해 집중적으로 이야기하겠다. 지금부터 설명하는 3단계를 따라가면 된다.

1단계: 남은 테마 좁히기

'왜?' 발견 과정에서 적어두었던 테마 목록을 꺼내고, '왜?' 선언문에 포함된 것들은 삭제한다. 그렇게 남은 것들을 5개까지 좁힌다.

왜 하필 5개인가? 6개는 안 되나? 과학적 근거가 있는 것은 아니다. 다만 우리가 수천 번 이 과정을 진행해본 결과, 여러 테마는 항상 5개 이하의 독립적이고 구별되는 아이디어로 추릴 수 있었다. 때로 최종 남은 테마가 4개뿐인 경우는 있었지만 5개를 넘는 경우는 한 번도 없었다.

여러 개의 테마 중에 어떤 것을 남기고 어떤 것을 버려야 할까?

여기서는 '왜?' 발견 과정에 참석했던 한 개인의 예를 들어 설명하겠다. 그는 '왜?' 선언문 초안을 작성한 후에도 테마 목록에 다음과 같이 8개의 단어가 더 남아 있었다.

- 즐거움
- 낙관적임
- 관계
- 안전하다는 느낌
- 늘 다른 사람들에게서 배운다.
- 해결책은 언제나 있다.
- 사랑하는 사람들을 보호했다.
- 문제 해결

먼저, 비슷한 아이디어를 표현하고 있는 테마들을 찾자. 겹치거나 중복되는 테마를 찾았을 때는 두 가지 선택이 있다. 하나를 선택하고 다른 하나를 삭제하거나, 아니면 두 가지를 엮어서 새로운 테마로 만드는 방법이다.

위 사례에서는 '사랑하는 사람들을 보호했다.'와 '안전하다는 느낌'이 본질적으로 아주 가까운 내용이다. 둘 중 하나가 다른 하나보다 더 잘 맞는다고 느껴지면 그걸로 선택하면 된다. 이 경우에는 두 가지를 합쳐 '남들이 안전하다고 느끼게 만든다.'라는 새로운 문구를 만들어보자.

또 하나 겹치는 것은 '해결책은 언제나 있다.'와 '문제 해결'이라는 테마다. 이번에도 하나를 고르거나 둘을 합치면 된다. 이번에는 '해결책은 언제나 있다.'를 선택하는 편이 좋아 보인다.

마찬가지로 '즐거움'과 '낙관적임'도 서로 짝으로 묶을 수 있는 테마들이다. 물론 사전 상으로는 다른 의미를 가지는 단어이지만, 이 과정에 참여한 이는 둘을 비슷하다고 판단했고, '낙관적임'을 자신의 행동과 더 가까운 것으로 택했다.

그렇게 해서 다음과 같이 5개의 최종 목록이 생겼다.

- 낙관적임
- 관계
- 남들이 안전하다고 느끼게 만든다.
- 늘 다른 사람들에게서 배운다.
- 해결책은 언제나 있다.

이와 같은 방법으로 다음 페이지에 당신의 최종 목록을 적어보자.

남은 테마를 좁혀라

1. _____

2. _____

3. _____

4. _____

5. _____

2단계: '어떻게'를 진술하라

'어떻게'는 '행동'이어야 한다. '왜?'를 실천하기 위해 우리가 '실제로 하는 일'을 표현한 것이기 때문이다. '정직' 같은 특성 내지는 속성이나 '결연함' 같은 형용사는 행동이 아니다.

테마를 '어떻게'로 바꾸기 위해서는 실천 가능한 행동으로 만들어야 한다. 일부의 테마는 이미 동사나 행동의 모습을 취하고 있을 수도 있다. 좋은 일이다. 하지만 특성이나 형용사로 된 테마가 있다면 다음과 같은 방법으로 바꿔주면 된다.

위에서 예로 들었던 테마 중 하나를 생각해보자.

• 낙관적임

'낙관적'이라는 형용사를 '어떻게'로 변신시킬 수 있는 방법은 많다. 몇 가지만 예를 들어보면 아래와 같다.

• 매사에 긍정적인 면을 찾는다.
• 컵에 물이 반'이나' 남았다고 생각한다.
• 뒤를 돌아보기보다는 앞을 바라본다.
• 절망적일 때도 언제나 희망을 찾는다.

스토리를 깊이 파보니 '매사에 긍정적인 면을 찾는다.'가 '낙관적임'이라는 테마를 쓸 당시에 의미했던 뜻을 가장 잘 구현하는 것으로 파악됐다.

목록의 다른 테마들은 이미 상당히 행동에 가까웠기 때문에 아래와 같이 약간의 수정만 해주면 됐다.

- 관계 → 사람들과 의미 있는 관계를 맺는다.
- 늘 다른 사람들에게서 배운다. → 모든 사람에게서 무언가를 배운다.
- 해결책은 언제나 있다. → 창의적인 해결책을 찾는다.

간단히 단어만 바꾸어도 수동적인 단어나 문구가 매일 실제로 실천 가능한 행동으로 바뀐다는 사실을 알 수 있다.

이렇게 찾은 최종 '어떻게' 목록은 아래와 같다.

- 매사에 긍정적인 면을 찾는다.
- 사람들과 의미 있는 관계를 맺는다.
- 남들이 안전하다고 느끼게 만든다.
- 모든 사람에게서 무언가를 배운다.
- 창의적인 해결책을 찾는다.

'어떻게' 목록을 작성할 때 몇 가지 주의할 점이 있다.

첫째, '이다'로 끝나는 표현은 가급적 사용하지 않는다. 행동처럼 느껴지지 않기 때문이다. '낙관적이다.'와 '매사에 긍정적인 면을 찾는다.' 사이의 차이는 누구나 느낄 수 있다.

둘째, 동명사 형태도 피하자. 동사를 '-하기'의 형태로 끝내지 마라. 그래야 더 포괄적이고 분명한 지시가 된다. '남들이 안전하다고 느끼게 만들기'와 '남들이 안전하다고 느끼게 만든다.'가 어떻게 다른지는 당신도 느낄 수 있을 것이다.

모든 규칙에는 예외가 있다. 중요한 것은, 맞다는 '느낌이 온다면' 맞는 것이라는 점이다.

스스로 울림이 느껴지는 단어, 배경이 된 스토리가 기억나는 단어를 사용하라. 바로 그런 정서적 연결이 '어떻게'를 행동으로 바꿔줄 것이다.

당신의 '어떻게'를 진술하라

1. _____

2. _____

3. _____

4. _____

5. _____

3단계: 맥락을 제공하라

'어떻게'를 언어로 똑똑히 표현한 다음에 더 공고하게 내 것으로 만들 수 있는 방법이 있다. 각 '어떻게'에 맥락을 제공하고 실제로 어떤 모습이 될지 보여주는 짧은 설명을 하나씩 써보는 것이다. 설명이 복잡할 필요는 없다. 실은 최대한 간단하게 쓰는 편이 실천하기가 더 쉽다.

개인의 경우 '어떻게'에 관한 설명은 다음과 같이 쓸 수 있다.

- 매사에 긍정적인 면을 찾는다. → 상황이 나빠지는 것처럼 보이면 좋아질 것은 무엇인지 찾아본다.
- 사람들과 의미 있는 관계를 맺는다. → 사람들과 인간적 관계를 맺고 내가 상대에게 마음 쓰고 있다는 점을 알린다.
- 남들이 안전하다고 느끼게 만든다. → 사람들에 대한 신뢰를 확장하고 내가 그들의 뒤를 책임진다는 사실을 알린다.
- 모든 사람에게서 무언가를 배운다. → 남들의 생각과 관점에 마음을 연다. 누구나 내가 배울만한 점을 하나씩은 갖고 있다.
- 창의적인 해결책을 찾는다. → 언제나 해결책은 있다고 생각하고 그 해결책을 찾을 때까지 포기하지 않는다.

'어떻게'에 짧은 설명을 덧붙여서 맥락을 제공하라

1. _____

2. _____

3. _____

4. _____

5. _____

그리고 마지막으로 '무엇을'에 대한 메모를 하라

1. _____

2. _____

3. _____

축하한다! 당신은 '무엇을' 뒤에 숨어 있는 '왜?'와 '어떻게'를 찾아냄으로써 골든 서클을 완성했다.

'왜?'로 시작해 나의 비전과 가치관을 다른 사람들과 공유할 때에는 '왜?' 발견 과정에서 알게 된 스토리들을 활용하자. 이런 스토리를 통해 에너지와 감정이 제대로 전달된다면, 내가 지향하는 바를 진정성 있게 소통할 수 있을 것이다.

집단의 경우도 개인의 '어떻게'를 찾는 것과 같은 수순을 따르면 된다. 파트너로서 집단의 '어떻게' 찾기를 함께할 경우에 참고할 수 있는 간단한 사례를 덧붙이겠다.

집단의 사례 1

• • •

다음은 20명 가량의 소규모 팀이 집단의 '왜?' 발견 과정을 진행하며 완성한 골든 서클이다.

이 집단이 찾아낸 최초의 행동 및 동사 목록은 아래와 같았다.

- 교육한다.
- 조력한다.
- 지도한다.
- 멘토링 한다.
- 용기를 준다.

• 협업한다.

이들 단어나 문구를 테마로 표현하면 아래와 같다.
'관계를 맺고, 교육하고, 지원하고, 협업하고, 자신감을 주입하고, 가능성을 일깨워준다.'

이런 테마를 통해 이 팀은 다음과 같은 '왜?'를 도출했다.
'관계를 맺고 참여함으로써 사람들이 삶에 자신감을 갖게 한다.'

이 팀의 '어떻게'는 아래와 같았다.

• 우리는 교육하고 깨우친다.
• 우리는 지원하고 지도한다.
• 우리는 협업을 증진한다.
• 우리는 자신감을 주입한다.
• 우리는 가능성을 일깨운다.

그리고 전체 그림을 볼 수 있게 이 팀의 '무엇을'을 살펴보면 아래와 같다.

• 우리는 사람과 정보를 잇는 역할을 통해 사람들이 더 좋은 의사

결정을 내릴 수 있게 한다.

- 우리는 IT 이슈에 참여하고, 선택을 내릴 수 있는 자신감을 준다.
- 우리는 가능성 있는 회사를 발견하여 남보다 먼저 투자한다.
- 우리는 소외되기 쉬운 사람들이 접근할 수 있는 프로그램을 개발한다.
- 우리는 사람들이 효과적으로 소통할 수 있는 시스템을 디자인하고 실행한다.
- 우리는 우리 사업이 장기적으로 생명력을 가질 수 있도록 전략과 IT 기획을 수립한다.
- 우리는 우리에게 도움이 되는 통신 인프라를 지지한다.
- 우리는 회사 내외 커뮤니티의 화합을 도모한다.
- 우리는 IT 기술을 통해 사람들에게 정보를 주고 영감을 불러일으킨다.

집단의 사례 2

• • •

다음은 10명 미만의 팀이 만들어낸 골든 서클 사례다.

이 팀이 찾아낸 최초의 행동 및 동사 목록은 아래와 같았다.

- 동기를 부여한다.

- 안심시킨다.
- 지원한다.
- 창조한다.
- 혁신한다.
- 영감을 불어넣는다.

위의 내용은 아래와 같은 테마로 바뀌었다.
'안전하다고 느끼고, 지원하고, 서로의 다름을 축하하고, 귀를 기울이고, 인정하고, 마음을 열고, 협업한다.'

이런 테마를 통해 이 팀은 다음과 같은 '왜?'를 도출했다.
'공간을 마련함으로써 다 함께 한계에 도전할 용기를 낼 수 있게 한다.'

이 팀의 '어떻게'는 아래와 같다.

- 우리는 서로를 지원한다.
- 우리는 서로의 다름을 축하한다.
- 우리는 작은 것도 인정한다.
- 우리는 마음을 열도록 격려한다.
- 우리는 재능을 결집한다.

흥미롭게도 이 팀은 '왜?'와 '어떻게'를 발견한 후에는 '무엇을'에 대해 추가로 논의할 필요성을 느끼지 않았다.

- 디자인
- 브랜드 전략
- 소프트웨어 엔지니어링
- 천문학

7장

선택하기

신념이라고 말한 것을 실천하는 법

FIND
YOUR
WHY

· · ·

시간을 내서 '왜?'를 발견하고 '어떻게'를 분명한 언어로 표현하는 것은 우리의 긴 여정에서 겨우 시작에 불과하다. 어려운 것은 그다음이다. 이 '왜?'와 '어떻게'를 바탕으로 '행동'하는 것 말이다. 우리는 이것들을 실천해야 한다. 그러기 위해서는 먼저 '공유'해야 한다.

개인의 '왜?'를 공유하는 법

· · ·

'왜?'를 알게 되었다고 해서 '왜?'를 공유하는 일까지 즉각 익숙해지는 것은 아니다.

사실 대부분의 사람들은 평생 동안 '무엇을'을 가지고 소통했고, 그러라고 배웠다. 우리는 '무엇을'을 가지고 소통하는 법을 모범으로 여기고 그대로 따랐다. 그러므로 이제 와서 나의 목적이나 대의, 신념을 가지고 남들과 소통하려면 심각한 어려움을 느낄 것이다. 그러나 걱정하지 마라. 당신만 그런 것이 아니다.

자전거 타는 법을 배운 적이 있을 것이다. 처음에는 서툴고 이상한 기분이 든다. 넘어지고 다시 일어설 때마다 당신은 방법을 바꿔보며 균형을 잡으려고 애썼을 것이다. 팔다리를 어떻게 움직여야 하는지 혼란스러운 그 순간에도, 발을 떼는 순간을 한 번 바꿔보고, 브레이크 잡는 힘을 바꿔보고, 앞쪽을 보려고 안간힘을 썼을 것이다. 이렇게 하면서도 수없이 넘어졌을 것이다. 그래도 다시, 또 다시 자전거를 바로 세우며 시도했을 것이다. 그러다 어느 틈엔가 뭐라 생각할 겨를도 없이 자연스럽게 도로를 질주하고 있었을 것이다.

'왜?'를 가지고 소통하는 것도 마찬가지다. 일단 한번 익히고 나면 자전거 타기처럼 자연스러워진다.

'왜?'를 가지고 소통하는 연습을 해보기에 가장 좋은 상대는 낯선 이들이다. 사람들은 처음 만난 사람에게 으레 이렇게 물어본다. "무슨 일 하세요?" 바로 이때가 당신이 '왜?'로 시작해볼 때이다.

앞으로는 비행기에서 만난 낯선 사람, 모임에서 만나 수다를 떨게 된 사람, 혹은 그 비슷한 사람이라면 누구든 상대를 가상의 '자전거'로 생각하라. 나의 '왜?' 선언문을 문장 그대로 읊어도 좋고, 상대가 그 의미를 잘 이해할 수 있게 약간씩 표현을 바꾸거나 스토리를 이야기해도 좋다.

예를 들어 사이먼이라면 이렇게 말할 수 있을 것이다.

"저는 사람들이 자신에게 영감을 주는 일을 하도록 격려함으로써 다 함께 세상을 바꾸려고 합니다."

자신의 '왜?'를 글자 그대로 읊은 것이다. 사이먼은 이렇게 말할 때도 있다.

"저는 기업의 리더들과 협업해 사람을 우선시하는, 의욕을 불러일으키는 조직을 만듭니다. 이런 기업이 많아지면 세상을 바꿀 수 있다고 믿습니다."

사이먼은 종종 우리 회사의 비전 선언문을 활용해서 대화의 포문을 열기도 한다. "우리는 절대 다수의 사람들이 출근하고 싶은 마음으로 아침에 눈을 뜨고, 직장에서는 불안해하지 않고, 퇴근할 때는 그날 한 일에 성취감을 느끼며 집으로 돌아갈 수 있는 세상을 꿈꿉니다. 우리가 만드는 제품이나 워크숍, 강연 활동 등 우리가 하는 모든 일은 바로 이 비전을 실천하기 위한 것입니다."

이것만으로도 듣는 사람은 사이먼이 어떤 생각을 가지고, 무엇을 위해 사는지 이해했을 것이다. '왜?' 선언문의 단어를 그대로 사용하는 것도 때로는 좋은 출발점일 수 있지만 중요한 것은 그게 아니다. 핵심은 '내가 누구이고 무엇을 지향하는가'를 공유할 방법을 찾아내는 것이다.

- 자신의 '왜?'를 안다고 해도 매일매일 그것을 실천할 것인가는 당신의 선택이다. 실천하겠다고 마음먹었다면 그것을 바탕으로 일관되게 행동해야 한다. 신념과 말과 행동이 다른 경우가 빈번하다면 당신은 신뢰를 잃게 될 것이다.

당신이 찾은 '왜?'에 따라 살 준비가 되었는가? 말과 행동이 신념과 일치하지 않는다면 '왜?'를 공유하는 활동은 오히려 당신에 대한 부정적인 평가를 불러올 수도 있으니 주의하라.

처음에 한두 번 이 방법을 시도해 보았으나 원하는 결과를 얻지 못했더라도 실망하지 마라. 우리도 '왜?'로 시작하는 방법을 처음 시도했을 당시를 떠올리면 창피한 일화들이 많이 있다.

자신의 '왜?'를 공유하려면 상대의 이상한 눈초리까지 감수할 용기를 내야 한다. 이게 바로 자전거를 배울 때 넘어지는 단계다. 그러나 여러 번 반복했음에도 불구하고 상대가 당신의 말에 귀 기울이지 않는다면 다음 두 경우가 아닐지 생각해볼 필요가 있다.

하나는 의미가 명확하게 전달되지 않았을 가능성이다. 당신이 속으로 하고 싶었던 말과 실제 입에서 나온 말이 서로 일치하지 않았을 수 있다. 자전거를 처음 배울 때처럼 내가 가려고 하는 방향과 바퀴가 굴러가는 방향이 서로 다른 것이다.

다른 경우, 완벽하게 말했지만 내가 하는 말이 상대방에게 울림을 주지 못한 것일 수도 있다. '왜?'로 대화를 시작하면 나와 신념이 같은 사람들은 끌어당기고, 그렇지 않은 사람들은 밀어내게 된다. 당신의 말을 듣고 공손히 대화를 마치거나 다른 주제로 옮겨가는 사람은 아마도 당신의 '왜?'에 공감하지 못하는 사람일 것이다. 그렇다면 전혀 문제가 없다. 나와 상대방이 추구하는 삶이 다른 것일 뿐, 내가 '왜?'를 전달하는 방식에 문제가 있는 것이 아니다. 그럴 땐 빨리 대화를 끝마치고 당신의 말에 공감하며 함께 가슴이 벅차오를 사람을 찾아라.

집단의 '왜?'를 공유하는 법

. . .

조직 내에서 '왜?'를 공유하는 가장 효과적인 방법은 사람들이 '왜?'에 관한 이야기를 듣고 영감을 받을 수 있는 기회를 만드는 것이다. 그러면 그들도 이 '왜?'를 내 것으로 받아들이고 실천할 수 있다.

당신이 속한 집단의 규모가 너무 커서 다 함께 '왜?' 발견 과정을 진행할 수 없는 경우, '왜?'를 공유할 수 있는 최선의 방법은 무엇일까? 조직의 설립자인 당신이 자신의 '왜?'를 발견한 후 그것을 집단과 공유하고 싶다면, 어떻게 시작하면 될까?

지금부터 '왜?' 발견 과정에 참여하지 않은 동료들과 '왜?'를 공유하는 방법에 대해 알아보겠다.

회사에 새로운 사람이 들어왔을 때도 이 방법을 활용할 수 있다. 그러면 조직이 커지더라도 집단의 '왜?'는 여전히 건재할 것이다.

'왜?' 공유 워크숍 진행하기

• • •

집단의 '왜?'를 공유하는 워크숍은 크게 3단계로 이루어진다. 이 워크숍은 한 번에 50명씩 3~4시간 정도를 들여 진행할 수 있으며, 로드맵은 아래 그림과 같다.

집단의 '왜?' 발견 과정을 이끌었던 진행자가 이 워크숍도 진행한다면 가장 좋다. 각 단계는 4장에 나오는 집단의 '왜?' 발견 과정에서 권하는 것과 유사한 환경에서 대화 형식으로 진행하면 된다.

경험을 공유한다 → 다른 사람들이 '왜?'를 내 것으로 만들 수 있게 돕는다. → 새로운 기회를 탐색한다

누가 참석할까?

이 워크숍의 참석자는 참석을 희망하는 사람들로 구성하자.

'왜?' 공개 초기 단계에는 새로운 것에 관심이 많고 자신이 알게된 것을 소문내는 데 적극적인 얼리어답터들이 주축이 되어야 한다. '혁신의 전파 법칙Law of Diffusion of Innovation'에 따르면 혁신을 일찌감치 받아들인 사람들은 열정적으로 다른 사람들에게 그 내용을 전파하고 싶어진다.

가능하다면 '왜?' 발견 과정에 대해 열의를 가진 사람들부터 시작하라. 그들이 자발적으로 이 아이디어를 조직 전체에 전파하는 것을 도울 것이다.

정식 절차를 거쳐 톱다운top-down 방식으로 '왜?'를 알리는 것보다는 이 방법을 사용하는 편이 비용도 적게 들고 전파도 더 빠르다. 처음에는 이렇게 시작해도 결국에는 정식으로 회사 전체에 운동으로 전개될 수도 있다.

얼리어답터에 해당하지는 않지만 이 운동을 추진하기 위해 '참여해야만' 하거나 '설득해야만' 하는 사람들도 일부 참석시켜야 한다, 하지만 조직의 새로운 이정표가 될 이 새로운 과정에 참여하는 데 열의를 가진 사람들이 참석자의 다수가 될 수 있게 최선을 다하라.

1단계: 경험을 공유하라 (60분~75분 소요)

워크숍은 골든 서클과 '왜?'의 개념을 설명하며 시작하면 된다. 참석자들 중에는 이 개념에 관해 들어본 사람도 있을 테고, 완전히 처음부터 설명해줘야 할 사람도 있을 것이다.

회의실에 참석한 모든 사람이 '왜?'의 개념에 관해 이해할 수 있게 해야 한다. 쉬운 방법 중에 하나는 사이먼의 TED 강연 영상(http://bit. ly/GoldenCircleTalk)을 보여주는 것이다.

골든 서클의 개념을 설명한 뒤에는 '왜?' 발견 과정에 참여했던 팀원들 중 한두 명을 초청해 이야기를 듣는 시간을 가진다. 이때 게스트가 '왜?' 선언문을 직접 밝히지 않도록 미리 당부해둔다. 그들이 '왜?' 발견 과정에 참여하면서 느꼈던 경험을 동료들에게 생생하게 전달하는 것이 포인트다. 중요한 사실이 빠지지 않도록 아래 질문을 메모해 두었다가 적절히 활용하자.

- '왜?' 발견 과정에서 있었던 일을 들려주세요.
- 동료들이 공유했던 스토리 중에서 특히 울림이 깊었던 이야기가 있나요?
- 과정 중에서 가장 좋았던 순간은 언제인가요?
- 참석자들의 반응은 어땠나요?
- 회사나 동료들에 관해 전에 몰랐는데 새롭게 알게 된 사항은 무엇인가요?
- 워크숍 참여 후 이곳에서 일하고 있으면 어떤 기분이 드나요?
- 왜?' 발견 과정에서 가장 큰 영감을 얻은 것은 어느 부분인가요?

발언자가 이야기하는 동안 다른 참석자들은 아마 질문을 하고 싶을 것이다. 모든 참석자에게 질문을 권하고 대화가 흘러가는 대로 놔

뒤라. 참여 빈도가 높을수록 참석자들은 '왜?'의 가치를 더 많이 이해하고 워크숍에 더 많이 기여할 것이다.

시간 제한은 없다. 그러니 서두르지 마라. 회의실 내의 에너지를 가늠해보고 대화가 자연히 끊길 때쯤(아마도 시작한 지 15분에서 30분 혹은 그 이상의 시간이 흘렀을 때) 2단계로 넘어가면 된다.

드디어 오늘의 주인공을 공개할 때다. '왜?' 발견 과정을 통해 마련한 '왜?' 선언문 초안을 공유할 것이다. 이에 앞서 '왜?' 선언문의 구성을 소개하자.

_____(기여)_____ **함으로써**

_____(영향력)_____ **한다.**

참석자들이 곧 보게 될 '왜?' 선언문은 누군가가 만들어 공표하는 것이 아니다. '창조'가 아닌 동료들이 공유한 스토리에서 드러난 테마들을 통해 '발견'되었음을 설명하라.

이때 '왜?' 발견 과정에서 사용한 플립 차트를 공개하면 더 효과적이다. 후보였던 단어나 문구들을 가지고 단 한 줄의 '왜?' 선언문을 만든 과정을 설명하라. 도움이 된다면 당시 참석자들이 공유했던 구체적 스토리를 이야기해도 좋다. 이런 스토리들은 '왜?'를 실천하는 데 도움을 줄 것이다.

'왜?' 발견 과정에서 사용한 플립차트나 그 사진을 보유하고 있다면 바로 지금 공유하면 된다. 단어들을 지우고 테마에 동그라미를 쳤던 페이지를 본다면 당시 참석하지 않았던 사람들도 '왜?' 선언문이 어떻게 도출되었는지 쉽게 이해할 수 있을 것이다.

플립차트에서 마침내 '왜?' 선언문이 공개되는 페이지에 이르면 크게 소리 내 읽으면서 참석자들에게 '왜?' 선언문을 마음에 새길 시간을 주자.

이제는 조금 까다롭게 접근해야 할 순간이다. 사람들은 단어의 뒤에 숨은 의미나 감정에 주목하기보다는 단어 자체에 집착할 수도 있다. 여기서 잠깐 시간을 갖고 이 단어들이 완벽하지 않다는 점을 모든 참석자에게 이해시켜라.

이것은 '왜?' 선언문의 초안 내지는 초기 버전에 불과하다. 시간이 지나면 '왜?' 선언문에 사용된 단어는 조금 바뀔 수도 있지만 '왜?' 뒤에 숨어 있는 감정은 바뀌지 않는다는 사실을 참석자들에게 알려줘라.

특정 단어에 대한 비판은 잠시 보류하고, 실제로 '왜?'를 실천한다면 어떤 모습일지에 집중하게 하라. 단어에 대해서는 마음속으로 100퍼센트 동의하지 못하더라도, 이제 모든 참석자가 '왜?'의 개념, 즉 감정에 대해서는 같은 생각을 갖게 됐다고 생각해도 될지 물어라.

그러면 단어의 뜻에 연연하는 함정에 빠지는 것을 피하고 논의를 건전하게 이어갈 수 있을 것이다.

드물지만 참석자 한두 명이 끝까지 '왜?'에 공감하지 못하고 반론을 제기하는 경우도 있다. 흔히 다음과 같은 이유들 때문이다.

- 과거에는 회사가 늘 이 '왜?'를 실천하지는 않았다.
- '왜?'가 회사나 해당 팀원이 합의한 현재의 전략과 일치하지 않는다.
- 자신은 딱 맞는 '왜?'라고 생각하지만 모든 직원이 이 '왜?'를 지지하지는 않을 것이기에 바꿔야 한다고 생각한다.
- 참석자 대부분이 '왜?' 선언문에 동의할 수 없다면 '왜?' 선언문을 더 다듬어야 하는 것이 아닌가?
- 참석자 본인이 회사에 잘 맞지 않는 사람일 때도 종종 있다.

'왜?'에 관해 모두의 의견이 일치하지 않더라도 상관없다. 우리의 목표는 모든 사람을 설득하는 게 아니라 모두가 '왜?'로부터 영감을 받을 수 있는 환경을 마련하는 것이다. '왜?'를 분명한 언어로 표현하려는 이유 자체가 다 함께 힘을 합해 세상에 긍정적 변화를 일으키는 데 있음을 기억하자.

이제 모두가 '왜?' 및 그 기초가 되는 테마와 스토리를 이해했으므로, 그룹으로 나뉘어 대화를 할 차례다. 각 그룹은 3명에서 8명 정도가 좋다. 그룹의 규모는 아이디어가 효과적으로 교환될 수 있을 만큼 작아야 한다. 다만, 이 단계가 끝날 때쯤에는 각 그룹이 참석자 전체에게 보고를 해야 하므로 그룹의 수가 너무 많아지지는 않도록 유의한다.

'왜?'를 진심으로 받아들일 수 있게 격려하는 한 가지 방법은 각 그룹 내에서 '왜?'를 뒷받침할 수 있는 개인적 경험을 공유하는 것이다. 다음과 같은 말로 대화를 유도하라.

- 이 회사에서 일하는 것이 좋은 이유를 구체적인 스토리로 말해 주세요. 이 집단의 일원인 것이 자랑스러웠던 때가 언제인지 스토리를 공유하세요.
- 방금 공유한 스토리에서 '왜?'가 반영된 부분은 어디인가요?
- 우리 회사에서 '왜?'를 가장 잘 구현하고 있는 사람은 누구인가요?

이제 그룹별로 플립차트를 나눠주고, 참석자들이 각 질문에 대한 자신의 답을 짧은 문장이나 문구로 적게 하자. 이때 '스토리'를 강조해야 한다. '왜?' 발견 워크숍에서 했던 것처럼 가장 큰 의미를 갖는 것은 '구체적'이고 '인간적'인 스토리다.

이 과제를 수행하는 데 최소 20분에서 30분 정도를 할애한다. 아마도 참석자들의 대화 부족보다는 시간 부족 때문에 이 과제를 마무

" 모든 팀원이 함께 성장할 수 없다면
   팀은 서서히 분열할 것이다."

If every member of a team
doesn't grow together
they will grow apart.

리하게 될 것이다. 시간이 다 되면 "그만"이라고 말하고 각 그룹의 토론 내용을 참석자 전체와 공유하는 시간을 가진다.

그룹당 5분에서 7분 정도가 소요될 것이다.

사람들이 자신의 개인적 경험이 '왜?'와 일치한다는 사실에 흥분한다면 '왜?'를 내 것으로 만들기 시작했다는 뜻이다. 그렇게 되면 일에 대해서도, 서로에 대해서도 연대감이 더욱 강화될 것이다. 이번 과제를 통해 만들어진 에너지를 모아 마지막 단계를 진행한다.

3단계: 새로운 기회를 탐색하라 (45분 소요)

'왜?'는 과거로부터 도출되지만, '왜?'가 가진 가치는 미래에 있다. 분명한 언어로 표현되어 영감을 불러일으키는 '왜?'는 회사가 새로운 방식으로 전진할 수 있는 도약대 역할을 하기 때문이다.

집단의 '왜?'를 활용해 우리 자신을 미래로 이끄는 것이 3단계의 핵심이다. 우리는 이 과정을 '가능성 대화'라고 부른다.

3단계에서 참석자들은 '왜?'를 가이드 삼아 회사가 어떻게 새롭고 다른 방식으로 발전할 수 있을지에 관한 아이디어를 낸다. 이것은 평소 늘 하는 브레인스토밍과는 다르다.

'평소 늘 하던 브레인스토밍'이라는 것이 무엇인지 말하지 않아도 잘 알 것이다. 처음에는 큰 생각으로 시작했다가 누군가 장애물이나 역경을 예상하고, 그러면 3분 내에 모두가 그 새로운 큰 생각은 불가능하다는 데 의견 일치를 보고야 마는, 그런 과정 말이다.

'자원 부족'이 가장 흔한 물귀신 중 하나다. 다른 장애 요소도 분명 있을 것이다. 그렇게 우리는 아이디어를 제대로 내뱉기도 전에 가로막히고 만다. 그래서 거대한 도약을 할 기회를 놓치고 늘 자잘한 발전에 그치고 만다. 가능성 대화를 한다면 그런 식의 과도한 안전주의를 피할 수 있다. 생각이 바뀌고 기존의 길에서 벗어날 기회가 만들어지기 때문이다.

이번에도 참석자들을 작은 그룹으로 나눈다. 가능성 대화에서는 '자원의 제약'은 적용되지 않는다는 점을 설명한다. 참석자들에게 어떤 것이든, 자신이 가진 모든 아이디어를 공유하도록 격려한다. 아무리 소소한 아이디어라도 그것이 우리를 어디로 이끌지는 아무도 모르는 일이다.

우리는 구성원들 스스로 바보 같은 생각이라고 무시했던 아이디어를 끄집어내 모든 사람이 기꺼이 실천하고 싶은 무언가로 바꾸어놓는 모습도 본 적이 있다. 큰 아이디어일수록 더 좋지만 논외로 치부할 아이디어는 하나도 없다. 불가능한 일도, 바보 같은 일도 없다.

동시에 가능성 대화란 '대화'일 뿐이라는 점을 모든 참석자가 이해하도록 한다. 어떤 아이디어가 환영받았다고 해서 그 일을 당장 추진해야 한다는 의미는 아니다. 사람들은 무언가를 제안했다가 꼼짝없이 그 일을 실현하는 큰 역할을 맡게 될까봐 가장 야심찬 아이디어는 속으로만 간직하는 경우가 많다. 가능성 대화는 가능성으로 가득하지만 우리를 속박하는 아이디어는 아니라는 점을 알려주는 것이 중요하다.

이 과제를 수행할 때는 두 가지 규칙을 따라야 한다.

- '왜?'와 일치하는 아이디어만을 내놓는다.
- 그룹원들은 새로운 아이디어를 내놓아도 되고 다른 사람의 아이디어를 발전시켜도 된다.
- "설마요.", "안 될걸요.", "못 해요." 같은 발언은 하지 않는다.

참석자들에게 다음 질문을 던지면서 시작하면 된다.

- 우리의 '왜?'를 찾았는데 이것을 실현하기 위해, 회사 '내에서' 가능한 일에는 뭐가 있을까요?
예를 들어, 수정하거나 도입할 수 있는 시스템 혹은 프로세스가 있는지 생각해보세요.

내부자들은 먼저 서로를 위해 '왜?'를 실천해야 한다. 그런 다음에 '왜?'가 외부에 어떤 영향을 줄 수 있는지 관심을 가져야 한다. 많은 기업들이 '왜?'를 찾은 뒤에 곧장 고객이나 제품에 초점을 맞추고 싶어 한다. 하지만 내부 대화에 집중하는 것이 먼저다. 조직의 구성원들이 스스로 찾은 '왜?'와 자신을 동일시하는 단계가 필요하다.

앞에서 던진 질문에 답을 찾을 수 있도록 시간을 주고, 10분 정도가 경과하면 '무엇을'을 찾기 위한 새 질문을 던져라.

- 우리 회사의 '왜?'를 고려할 때 또 어떤 '무엇을'이 가능할까요? 예를 들어, 우리가 제공할 수 있는 다른 제품이나 서비스는 어떤 것이 있을까요? 고객과 다른 어떤 방식으로 소통할 수 있을까요?

기업들은 핵심 제품이나 서비스를 제공하는 데 집착하느라 다른 제품이나 서비스 혹은 파트너십을 통해서 '왜?'를 실천할 수 있는 방법에 대해서는 생각해보지 않는 경우가 많다. (만약 애플이 그랬다면 아이폰이나 아이패드, 아이튠스는 탄생할 수 없었을 것이다.)

참석자들에게 콕 집어서 새로운 제품이나 서비스를 탐색해보라고 하는 이유는 이렇게 하면 회사의 '왜?'와 일치하면서도 지금과는 완전히 다른 제품이 나올 수 있음을 일깨워주기 위해서다.

그룹별로 질문에 대한 답을 찾아 플립차트에 적는다. 30분 정도 토의할 시간을 가진 뒤, 각 그룹은 전체 참석자들에게 자신들의 생각을 알린다. 다른 그룹에서 나온 이야기를 듣고 나면 더 많은 경우의 수가 생길 것이다. 마치 높은 탑을 오를 때처럼, 계단을 하나씩 오를 때마다 시야가 더 넓어지는 것이다.

가능성 대화를 마무리하면서 '왜?' 작업을 계속해나가겠다고 약속할 사람이 있는지 묻는다. 특히 다음과 같은 약속을 할 수 있는지 물어본다.

- '왜?'를 실천하고 공유함으로써 조직의 '왜?'에 생명을 불어넣는 '왜?' 챔피언이 되어 달라.
- 오늘 확인된 가능성 중에서 무엇 하나라도 행동으로 옮겨보라.

워크숍이 끝날 때쯤에는 '왜?' 발견 과정에 참여하지 않았던 사람들도 모두 조직의 '왜?'를 자신의 것으로 받아들이게 될 것이다. 그들이 각자의 위치에서 '왜?'에 따라 일하며 에너지와 영감을 발산하는 것이 우리의 목표다. '왜?'는 자주 입에 오르내릴수록 힘이 세진다.

'왜?'를 실천하라

• • •

'왜?'에 대해 말하기 시작하면 나와 같은 신념을 가진 사람들을 쉽게 만날 수 있다. 나의 '왜?'에 동조하는 이들과는 신뢰하는 친구가 될 수도 있고, 충성도 높은 의뢰인이나 고객, 혹은 헌신적인 직원이나 의욕 넘치는 파트너가 될 수도 있다. 이런 것도 어마어마한 이점이지만, 이것은 겨우 시작에 불과하다.

만약 개인이 자신의 '왜?'를 찾아낸다면 내가 할 수 있는 다른 일이 있음을 깨닫게 될지도 모른다. 혹은 같은 일을 하더라도 더 큰 성취감을 느낄 수 있는 다른 곳이 있음을 깨달을 수도 있다.

기업이 '왜?'를 발견해도 마찬가지다. 어쩌면 그 기업은 지금과는 다른 제품이나 서비스를 제공하고 있어야 할지도 모른다. 채용이나 승진 절차를 재고해 보아야 할 수도 있다. 일부 직원은 다른 부서나 사업부에서 일한다면 더 좋은 성과를 낼 수도 있다. 혹은 우리 회사에 전혀 맞지 않는 직원을 골라낼 수도 있다.

'왜?'를 발견하고 '어떻게'를 언어로 표현하고 나면 우리의 핵심 신념에 맞는 팀원이나 전략, 정책, 절차, 시스템, 제품, 대내외 소통 방식을 판별하기가 쉬워진다. 처음에는 바꾸고 싶은 것들의 목록이 상당히 많아도 괜찮다. 정상이다.

다만 새로운 방향으로 전진하기에 앞서 '왜?'나 '어떻게'가 정착될 수 있는 시간을 줘라. 다음 단계는 어떤 모습이 될지 생각해보면서 '왜?'나 '어떻게'와 조금씩 친해져라. 나 자신이나 회사에 관해 알게 된 내용을 바탕으로 변화가 마땅하다고 결정을 내렸다면 작은 것부터 시작해 자신 있게 전진하라.

기억하라. 우리는 '왜?'에 따라 살 때 가장 큰 성취감을 느낄 수 있다. 늘 그래왔다. 다만 우리가 말로 표현하지 못했을 뿐이다. 이제 당신은 '왜?'를 공유하고 의도적으로 '왜?'에 따라 살 수 있게 됐다.

'왜?'를 종이에 적어서 서랍에 넣어두면 그냥 서랍에 종이 한 장이 있을 뿐이다. 하지만 '왜?'에 따라서 산다면 당신은 수많은 새로운 기회를 만날 테고, 당신 주위의 사람들까지 그렇게 될 것이다.

'왜?'가 살아 있게 하라

• • •

피터는 최근 사우스웨스트 항공을 이용해 미주리 주 세인트루이스에서 오하이오 주 컬럼버스까지 이동했다. 비행기는 만석이었고, 머리 위의 짐칸도 가득 찼다. 마지막 승객이 탑승하자 승무원들은 휴대가방을 앞쪽 조리실에 놓고 가면 화물칸에 넣겠다고 했다. 피터는 승무원들이 가방마다 꼼꼼히 라벨을 붙이는 것을 지켜보았다.

여기까지는 비행기에서 흔히 볼 수 있는 장면이었다. 놀라운 것은 그다음이었다. 조종실 문 뒤로 승무원들이 바쁘게 움직이는 것을 본 기장은 한 순간의 망설임도 없이 의자에서 벌떡 일어나 가방을 나르기 시작했다.

피터는 이 광경이 너무나 놀라웠다. 요즘 항공사는 조종실 직원들과 객실 직원들의 업무 구분이 명확하다. 때로는 승객의 불편을 초래할 만큼 말이다. 그런데 사우스웨스트 항공의 선임 기장은 그 구분을 넘어 승객들의 가방이 제 위치로 갈 수 있게 다른 팀원을 돕고 있었다. 그런 그의 행동과 승무원에게 건네는 말투, 가방을 다루는 손짓 하나하나가 지켜보는 사람에게 그의 마음 씀씀이를 느끼게 했다. 피터는 칸막이에 그려진 이 항공사의 로고를 올려다보며 미소를 지었다. 로고 한 가운데에 하트 모양이 그려져 있었다. 피터가 방금 목격한 것이 바로 그들의 '왜?'였다.

사우스웨스트 항공은 '회사가 직원들을 돌보면 직원들도 고객을 돌본다'는 신념을 중심으로 세워진 회사다.《나는 왜 이 일을 하는 가?》에서 사이먼은 '왜?'로 시작해서 생각하고 행동하고 소통하는 기업의 사례로 사우스웨스트 항공을 인용했다. 7년이 지난 지금까지도 사우스웨스트 항공의 '왜?'는 여전히 살아 움직이는 듯하다.

스플릿: 기업의 '왜?'가 흐려지는 순간

• • •

시간이 지나도 '왜?'가 살아 있도록 하려면 일부러, 목적을 가지고, 매일매일 '왜?'를 제일 앞에 놓아야 한다. '왜?'로 소통하고 '왜?'를 실천하겠다고 다짐해야 한다. 그렇지 않으면 '왜?'는 흐지부지되거나 약해지거나 잊힐 수도 있다.

안타까운 사실이지만 아무리 구성원과 경영자가 '왜?'를 지키기 위해 노력하더라도 이런 일은 빈번히 벌어진다. 기업의 '왜?'가 흐려지는 것을 우리는 '스플릿split'이라고 부른다.

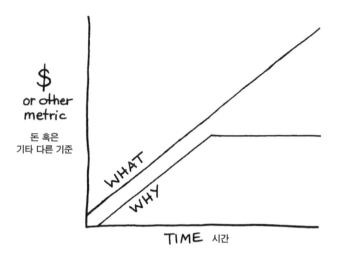

모든 기업의 발전, 성장, 결과는 두 가지 기준으로 측정할 수 있다.
첫째는 시간이고, 둘째는 또 다른 기준인데 보통 '매출'이 된다. 기업이 하나 설립되면 그 기업이 '무엇을' 하는가는 그 기업이 '왜?' 그일을 하는가와 밀접하게 연결된다. 기업이 자신의 '왜?'를 말로 표현하지 못한다 하더라도 마찬가지다. 기업이 성장할수록 '무엇을'과 '왜?'도 나란히 함께 성장한다. 하지만 기업의 몸집이 커지고 많은 사람이 채용되면 기업의 '왜?'가 흐려지는 '스플릿' 현상이 나타난다.

처음에 기업이 작을 때는 설립자가 직접 직원을 채용하며 자신의 비전을 팀원들과 공유한다. 집단 전체가 한 사무실 안에서 일하는 경우도 많다. 그렇지 않다고 해도 직원들은 매일 서로 부딪히며 일한다. 직원들은 설립자의 비전에 감명을 받고 출근길이 신 난다. 월급이 적고 야근을 밥먹듯하면서도 자신이 가진 모든 것을 회사에 내놓는다. 이런 환경에서는 '왜?'가 언제나 건재하다.

그러나 조직이 점점 커지면 상황이 변하기 시작한다. 설립자는 일부 직원을 채용하고 관리할 담당자를 고용한다. 그리고 결국에는 성장을 감당하기 위해 '경영 구조'라는 것이 생긴다. 사람들을 채용하기 위해 고용했던 담당자가 이제는 그 일을 도와줄 다른 사람을 고용한다. 그렇게 시간이 지나면 고용된 사람들은 설립자로부터 점점 더 멀어지고 해당 기업이 그 일을 하는 이유와도 멀어진다. 새로 채용된 사람들은 저도 모르게 좀 더 측정하기 쉬운 '무엇을'에 초점을 맞추기 시작하고 '왜?'는 흐릿해진다.

이런 일이 벌어지는 시점이 바로 '스플릿'이다. '왜?'는 희미해지고 '무엇을'로 중심이 옮겨가는 시점이다.

이 변화를 말로 또렷하게 표현하지는 못하더라도 우리 회사가 스플릿을 겪고 있다는 사실은 누구나 인식할 수 있다. 스트레스가 증가하고, 열정이 줄어들고, 생산성이 하락하고, 참여나 혁신이 드물어지는 것이 바로 그 때다.

"전에는 다 가족 같았는데, 이제는 그냥 직장처럼 느껴져."라는 말이 들리기 시작한다. 전에는 사람들이 기꺼이 회사에 남으려고 했는데, 이제 경영진은 직원들을 붙잡아두려고 적극적으로 노력해야만 한다. 연봉을 올려주고, 성과에 따라 보너스를 주고, 오래 근무하는 사람에게 회사의 지분을 주는 등 전략을 동원해야 한다. 돈을 가지고 사람의 마음을 움직여보려는 이런 자잘한 전략들은 단기적으로는 효과가 있을 수도 있지만 길게 보면 어김없이 실패한다. 결국 직원들의 신뢰와 충성심은 무너지고, 실적은 저하되며, 수치는 떨어진다. 정리해고가 시작되고, 기업 문화 전체가 침식되기 시작한다.

'나는 왜 이 일을 하는가?'라는 초점을 상실한다면 어떤 기업이든, 심지어 '왜?'를 기초로 훌륭한 조직 문화를 구축해놓은 기업조차 스플릿에 빠질 수 있다. 그러나 문제를 인식하고 있다는 사실은 문제로부터 기업을 지킬 수도 있다는 뜻이다.

스플릿에 빠지지 않는 방법

• • •

기업이 스플릿을 방어해낸 훌륭한 사례가 바로 '얼티미트 소프트웨어Ultimate Software'다. 얼티미트 소프트웨어는 폭발적으로 성장하고 있을 뿐만 아니라 '사람을 우선하는' 문화를 갖고 있다. 그래서인지 얼티미트 소프트웨어는 〈포천fortune〉지가 선정하는 '일하기 좋은 100대 기업' 목록에 거의 빠짐없이 등장한다. 2017년에는 이 목록에서 7위를 차지했을 뿐만 아니라 〈피플people〉지 선정 '공동체, 직원, 세상을 위해 좋은 50대 기업' 목록에서도 2위를 차지했다.

2014년 초, 얼티미트 소프트웨어는 우리 팀에 연락을 해왔는데 스플릿을 경험하고 있어서가 아니라 스플릿에 걸리지 않도록 예방주사를 놓기 위해서였다. 얼티미트 소프트웨어는 우리 팀에 리더십을 효과적으로 지원하는 프로그램을 짜달라고 요청했다. '왜?'를 잘 알고 있고, 이에 따라 행동하는 리더들이 옳은 선택을 할 수 있도록 돕기 위한 장치였다. 이것은 얼티미트 소프트웨어의 '왜?'와 일치하는 조직 운영 방침이었다.

얼티미트 소프트웨어의 경영진은 자신들의 '왜?'를 잘 알고 있었다. 그들의 '왜?'는 "사람들이 필요로 하는 것을 제공함으로써 그들이 언제나 옳은 일을 할 수 있다고 느끼고 번창하게 만든다."였다. 경영진은 이 '왜?'를 가지고 조직 문화를 형성하고, 미래를 그려나갔다.

얼티미트 소프트웨어에게 '왜?'는 단순히 컴퓨터 바탕화면에 써 있는 말이 아니었다. 그들은 이 '왜?'에 맞춰 살았고 이 '왜?'와 함께 숨 쉬었다. 그리고 이 '왜?'를 보호하기 위해 경계심을 늦추지 않았다. 얼티미트 소프트웨어는 의식적으로 그리고 부단히 자신들의 '무엇을'을 '왜?'와 일치시킴으로써 스플릿을 예방했다. 그리고 그런 노력은 아름다운 성공을 거두고 있었다.

오랫동안 잘 구현되고 있는 '왜?'를 보호하려는 목적이든, 혹은 오랫동안 방치되거나 무시된 '왜?'를 되살리는 목적이든, 당신이 가진 가장 강력한 도구는 '스토리텔링'이다. 이것은 기업이나 개인 모두에게 해당되는 말이다. 스토리텔링은 문자가 발명되기도 훨씬 전부터 수천 년간 지혜와 지식이 전수되어온 방법이다.

최고의 스토리에는 우리의 가치관과 신념이 드러난다. 이런 스토리는 강력한 힘을 가진다. 이런 스토리는 영감을 불러일으킨다. 이런 스토리는 '왜?'의 원천이자 '왜?'를 계속해서 살아 있게 만드는 원동력이다.

'왜?'를 실천하는 것이 왜 중요한지 이해하는 기업들이 스토리를 통해 직원들의 사기를 강화하는 것은 이 때문이다.

'왜?' 발견 과정에서 스토리가 얼마나 중요한지에 관해서는 이 책 곳곳에서 이야기했다. '왜?'는 스토리에서 나온다. 내 인생에서 가장 큰 성취감을 느낀 순간, 내가 최고의 모습을 발휘했던 순간에서 개인의 '왜?'가 나온다.

'왜?'에 맞춰 의도적으로 행동하는 일이 많아질수록 이렇게 만족스러운 스토리도 더 많이 수집될 것이다. 그 스토리들을 통해 '왜?'는 더 깊어지고 계속 그렇게 해나갈 수 있는 힘을 줄 것이다. 그리고 이제는 내가 다른 사람들에게 영감을 주게 될 것이다.

영감을 주는 사람이 돼라

• • •

앞서 '왜?' 발견 과정을 진행하면 우리도 정말 큰 성취감과 감동을 느낀다는 애기를 여러 번 했다. 나의 '왜?'를 발견하는 것과 다른 사람이 그의 '왜?'를 발견할 수 있게 돕는 것은 완전히 다른 경험이다.

꼭 두 가지 모두를 경험해보기 바란다.

우리 팀은 대다수 사람들이 출근하고 싶어서 일어나고, 회사에서는 불안하지 않고, 그날 한 일에 성취감을 느끼며 퇴근할 수 있는 세상을 만들기 위해 노력한다.

우리는 구성원이 자신이 속한 조직의 골든 서클을 알고 있고, 각자 책상에는 자신의 골든 서클을 붙여 놓은 회사를 상상한다. 그리고 그렇게 될 수 있도록 기업마다 자신들의 더 높은 목적과 대의, 신념을 분명한 말로 표현할 수 있게 돕는다.

이 책은 그런 우리의 '왜?'를 실천하는 한 방법이다. 우리의 운동에 동참하고 '왜?'를 공유할 수 있게 도와주어 고맙다.

우리와 함께 '왜?'를 찾은 당신이 매일 기대에 찬 즐겁고 새로운 아침을 맞길 바란다.

부록

FIND
YOUR
WHY

부록 1

자주 묻는 질문들

감사하게도 우리는 워크숍을 진행하며 수천 명의 사람들을 만날 기회가 있었다. 그리고 그들은 우리의 '왜?'가 더 깊고 풍부해질 수 있는 훌륭한 질문을 해주었다. 참석자들이 던진 질문의 답을 곰곰이 생각하는 과정에서 우리 역시 '왜?'에 대한 이해가 더 깊어지고, 확장되고, 분명해질 수 있었다.

워크숍에서 가장 흔히 나오는 질문들을 우리의 답과 함께 이 책에 싣는다. 특히 진행자들은 이 섹션을 읽어보기를 권한다. 진행자들 역시 집단의 '왜?' 발견 과정에서 참석자들로부터 비슷한 질문을 받을 수 있기 때문이다.

1. 개인의 경우

• • •

Q1. 나의 '왜?'가 내 가족일 수도 있나요?

가족은 대단한 사랑과 헌신을 불러일으키는 존재다. 그래서 대부분의 사람은 배우자나 자녀를 몹시 아끼려고 한다. 하지만 '왜?'는 우리가 '어디에 있는지'와 상관없는 우리의 정체성이다. '왜?'는 집에서뿐만 아니라 직장이나 친구들과 있을 때도 변치 않는 우리 자신이다.

이렇게 표현하면 다소 어색하게 들릴지 몰라도, 사실 가족은 '무엇을'에 해당한다. 당신의 '왜?'는 가족에 관한 이야기를 할 때 드러나는 것이 아니라 가족들이 나에게 어떤 감정을 일으키는지 이야기할 때 드러난다.

'왜?' 발견 과정을 진행하다 보면 당신이 가족들에게 기여하는 부분이나 그로 인해 미치는 영향력은 당신이 최고의 모습을 발휘할 때면 언제나 그 누구에게든 발휘된다는 사실을 발견하게 될 것이다.

결론적으로 가족은 당신의 '왜?'가 아니다. 절친한 친구가 당신을 사랑하는 이유는 배우자가 당신을 사랑하는 것과 같은 이유에서고, 고객이나 동료들이 당신을 사랑하는 것 역시 같은 이유에서다.

Q2. 하나 이상의 '왜?'를 가질 수도 있나요?

모든 사람에게는 하나의 '왜?'가 있다. 한 사람에게 '왜?'는 오직 하나뿐이다.

우리의 '왜?'는 우리 안의 최고의 모습을 끌어내고 가장 큰 성취감을 주는 공통의 실마리다. 사이먼이 자주 말하는 것처럼 '집에서와 직장에서의 모습이 다르다면 둘 중 한 곳에서는 거짓말을 하고 있는 것'이다.

나의 가장 중심을 이루는 정체성은 내가 어디에 있든 바뀌지 않는다. 우리는 '왜?'에 맞춰 살든지, 그렇지 않든지 둘 중 하나다. 직장에서와 집에서(혹은 다른 어떤 환경에서) 본인이 느끼는 '왜?'가 서로 다르다면, 그것은 각각의 장소에서 '무엇을'에 지나치게 집중하는 탓일 수도 있다. 그럴 때는 집에서나 직장에서나 나에게 영감을 주고 성취감을 주는 공통의 요소가 무엇인지 생각해보라. 그러면 당신의 '왜?'가 분명해질 것이다.

Q3. 나이가 들면서 '왜?'가 바뀔 수도 있나요?

'왜?'가 완전히 형성되는 것은 10대 중후반쯤이다. 그쯤 되면 스스로 선택하는 경험이 쌓이기 때문에 내가 어떤 일을 잘 할 수 있는 상황과 그렇지 않은 상황을 구분할 수 있다.

그러나 어린 시절, '왜?'를 어렴풋이 느껴보았다고 해도 그것을 제대로 표현할 수는 없었을 것이다. '왜?'는 대뇌 변연계에서 나오는 것인데 이 부분은 언어를 처리할 수 없기에 생각한 것을 말로 표현하기가 쉽지 않다.

세월이 지나면서 우리는 나의 '왜?'가 무엇이고, 그게 어디에 기여하고, 어떤 영향을 주는지 더 깊은 이해가 가능해진다. 그렇게 되면 이런 것들을 더 정확히 표현하는 의미 있는 언어를 찾게 될 수도 있다. 하지만 표현이 바뀌는 것일 뿐, 그 뒤에 숨어 있는 감정만큼은 여전히 그대로다. 사용하는 언어는 달라질 수 있어도 '왜?'는 바뀌지 않는다.

살면서 어느 순간 나의 '왜?'가 근본적으로 바뀌었다는 느낌이 든다면 몇 가지 이유를 생각해볼 수 있다. 가장 흔한 이유는 그동안 '무엇을'에 너무 집중한 나머지 '왜?'를 제대로 이해하지 못했기 때문이다. 아니면 인생을 바꿔놓을 만한 경험을 했을 수도 있다. 개인적인 시련이라든가 사고를 겪었을 수도 있고, 사랑하는 사람이 죽었을 수도 있다.

이런 사건들은 우리에게 깊은 영향을 미칠 수 있는 게 사실이지만, 그렇다고 해서 가장 중심에 있는 우리의 정체성이 바뀌는 것은 아니다. 이런 사건을 계기로 무엇이 중요한지에 대해 다시 생각해보거나 인생을 바라보는 시각이 바뀌었다거나(예를 들면, 과거에 비해 매사에 시니컬해졌다던지), 그렇게 살게 되었다고 해서 나의 '왜?'가 바뀌지는 않는다. 다만 나 자신을 더 깊이 이해하게 되고 나의 '왜?'에 더 가깝게 살게 될 뿐이다.

시련이나 상실감은 인생을 송두리째 바꾸는 것이 아니라, 일시적으로 우리 삶의 균형을 깨뜨리는 것이다. 그러다가 다시 균형점을 찾으면 근본적으로 나의 '왜?'는 그대로라는 사실을 깨달을 수 있다.

Q4. '왜?'가 없는 사람도 있나요?

우리 팀이 누군가에게 "당신은 '왜?' 자체가 없습니다!"라고 말해야 했던 경우는 한 번도 없었다. 당신은 분명히 '왜?'를 가지고 있다. 모든 사람이 그렇다.

문제는 자신의 '왜?'가 무엇인지 발견할 수 있을 만큼 스스로의 약점을 드러내고 기꺼이 마음을 열 수 있는가 하는 점이다. 스스로에게, 또 남들에게 솔직할 수 있다면 분명히 '왜?'를 발견할 수 있을 것이다. 지금 당장 완벽하게 분명하고 잘 다듬어진 말로 찾아내지는 못한다고 하더라도, 당신 안에는 분명한 '왜?'가 있다.

전형적인 정규분포곡선*을 보면 왼쪽에는 얼리어답터들이 있고, 가운데에는 대다수의 사람들, 오른쪽에는 꾸물대는 사람들이 위치한다. '왜?'의 경우도 비슷하다. 자신의 '왜?'를 알아내고 싶어 안달인 사람도 있다. 이런 사람들은 '왜?'가 존재한다고 믿고, 약간의 위험을 감수하더라도 그게 뭔지 발견하려고 한다. 반면에 '왜?'를 발견하는 데 필요한 위험을 감수하지 않으려고 하거나 그럴 준비가 되지 않은 사람들도 있다. 솔직히 말해 자신이 어느 쪽에 속하든 신경 쓰지 않는 사람들도 있다.

---

* 세상의 수많은 현상을 이상적으로 나타낸 것으로, 좌우대칭의 종 모양으로 표현된다. (편집자 주)

우리의 목표는 '왜?'의 개념에서 무언가 느낀 바가 있고 그래서 자신의 '왜?'를 정말로 발견하고 싶어 하는 사람들을 돕는 것이다. 만일 '왜?' 개념에 관심이 없는 사람을 만난다면, 성급하게 설득하려 들지 말고 시간을 두고 '골든 서클'의 개념부터 인지시키는 것이 중요하다.

Q5. 사악하거나 나쁜 '왜?'도 있나요?

'왜?'는 그 의미상 긍정적이고 생산적일 수밖에 없다. 타인에게 봉사하고 타인들의 삶에 긍정적인 기여를 하는 것이기 때문이다.

'왜?'를 파괴적인 목적에 사용하는 사람들은 타인에게 도움이 되지 않는, 즉 타인들을 해치고 멸시하는 결과물을 가지고 자신의 목적이나 대의, 신념을 구현하기로 한 사람들이다. 긍정적인 '왜?'를 실현시키기 위한 '무엇을'이 잘못된 경우다.

우리 팀은 수천 번의 '왜?' 발견 과정을 진행했지만 사악하거나 나쁜 의도만을 가진 '왜?' 선언문을 가진 사람은 한 번도 보지 못했다. 다만 앞에서 말한 것처럼 '무엇을'이 부정적일 수는 있다. 그럴 때는 '무엇을'을 재정의 해야 한다. '왜?'의 이름으로 하는 '행동'이 남들이 그들의 행동을 보는 시각을 결정하기 때문이다.

Q6. '왜?'가 언제나 타인에게 도움이 되는 이유는 무엇인가요?

결론부터 말하면 '행복'과 '성취감'의 차이라고 할 수 있다.

'행복'은 새로운 곳으로 여행을 떠나거나, 새 신발을 사거나 최신 스마트폰을 쓰는 것처럼 나 자신을 위한 일을 할 때 느끼는 감정이다. 이런 일은 순식간에 도파민을 분비해 기분을 좋게 해준다. 하지만 그 감정은 곧 시들해지고, 다시 행복을 느끼기 위해 무언가를 사거나 하는 행동을 한다.

쇼핑(혹은 조깅, 와인, 항해 등등)이 순간적인 행복을 줄 수 있을지는 몰라도 지속적인 성취감을 줄 수는 없다. 이렇게 나를 위한 행동을 통해 느끼는 행복은 진짜이기는 해도 순식간에 사라지는 감정인 경우가 많다.

남을 위한 행동을 통해 느끼는 감정인 '성취감'은 오랫동안 지속된다. 다른 사람에게 긍정적인 영향을 미치거나, 내가 하는 일을 통해 누군가의 삶을 바꾸거나, 어려움에 봉착한 사람에게 도움을 주었을 때 우리는 성취감을 느낀다. 이 성취감은 순간적인 행복도 주지만, 오랫동안 마음에 남아 그 일을 떠올릴 때마다 기쁨을 느끼게 해준다.

당신은 언제 제일 강렬한 성취감을 느끼는가? 이 성취감은 '세상에 내가 존재하는 이유'와 밀접하게 연관되며, 이것은 곧 '왜?'와 통할 것이다.

Q7. 어떻게 해야 나의 '왜?'가 남들의 '왜?'와 다르게 들릴 수 있을까요?

이런 질문이 나오는 이유는 우리가 다들 경쟁 중이고 나의 '왜?'

는 경쟁자의 '왜?'보다 더 낫거나 최소한 다르기라도 해야 한다는 생각 때문이다. 하지만 우리가 경쟁하는 대상이 '나 자신'뿐이라면 어떨까? 매일매일 어제보다 더 나은 버전의 내가 되고, 어제보다 나의 '왜?'를 더 잘 따르며 사는 것이 평가의 기준이라면?

나의 '왜?'나 '왜?'와 관련된 스토리가 나와 정말로 잘 연결되어 있다면 나의 '왜?'가 다른 사람의 '왜?'와 비슷하게 들리는 것은 전혀 문제가 되지 않는다. 나의 '왜?'는 내가 최고의 모습일 때 내 정체성을 나타내는 것으로, 오로지 나 자신에게만 깊은 의미를 가지기 때문이다.

처음으로 '왜?'에 관해 듣는 사람은 그것이 누군가의 '비결'이라고 착각한다. 하지만 '왜?'는 나의 '경쟁 우위'를 찾는 일이 아니다. 가장 가까운 경쟁자들이 나와 비슷한 이유로 그 일(뭐가 되었든)에 뛰어들었다고 해도 상관없다. 놀랄 필요도 없다. 나의 '왜?'가 경쟁자와 비슷하다고 해도 그것을 실천하는 원칙이나 태도, 행동('어떻게?')은 아주 다를 가능성이 크기 때문이다.

다시 말해 당신은 '왜?'뿐만이 아니라 '왜?'와 '어떻게'의 조합이라는 측면에서 세상 그 누구와도 다르다. 당신을 유일무이한 존재로 만드는 것은 바로 그 '조합'이다.

Q8. 나의 '왜?'가 지금 하는 일과 맞지 않는다면, 일을 그만둬야 할까요?

정해진 것은 없다. 간단히 답하면 그만둬야 할 수도 있고, 아닐 수도 있다.

나의 '왜?'와 내가 하는 일이 서로 맞지 않는다고 해서 모든 것을 내다버려야 하는 것은 아니다. 내가 속한 환경을 늘 내 마음대로 조종할 수는 없지만, 내 모습은 내가 책임질 수 있다.

당신이 가장 먼저 할 일은 매일 주위에 있는 사람들에게 긍정적인 영향을 주는 것이다. 할 수 있는 범위 내에서 '왜?'를 실천하는 것부터 시작하라. 그렇게 한다면 상황이 좀 더 좋은 쪽으로 흐르기 시작할 수도 있다.

만일 이런 일이 아무 효과가 없다면 우리의 목표는 '주위를 나와 똑같은 신념을 믿는 사람들로 채우는 것'이다. 지금 내가 있는 곳에서 그게 가능하지 않다면 선택을 할 수 있다. 나의 '왜?'와 더 잘 맞는 일을 적극적으로 찾을 수도 있고, 지금 있는 곳에서 최선을 다할 수도 있다.

중요한 것은 늘 '왜?'를 향해서 가는 것(예컨대 내가 잘할 수 있고 나의 '왜?'를 실천할 수 있는 상황)이 '왜?'로부터 멀어지는 것보다는 좋다는 점이다.

Q9. 나의 상사(또는 배우자, 형제자매, 친구)는 '왜?' 발견 과정이 정말로 필요합니다. 어떻게 하면 그들이 '왜?'를 발견하게 만들 수 있을까요?

'왜?'를 발견하는 것은 분명 그 사람에게도 도움이 될 것이다. 하지만 다른 사람을 설득하여 이 과정에 적극적으로 참여하게 하는 것은 당신이 결정할 수 있는 일이 아니다.

그 사람 본인이 자신에게는 '왜?' 발견 과정이 필요하다고 '느껴야만' 한다. 그런 계기를 만들어줄 수 있는 한 가지 방법은 우리 자신이 나의 '왜?'를 실천하는 것이다. 내가 성취감을 발견하고 즐겁게 일하는 모습을 보면 상대도 그 비결을 알고 싶어질지 모른다.

물론 그렇지 않을 수도 있다. 기억하라. 말에게 물을 먹이기 위해 말을 물가에 끌고 갈 수는 있다. 심지어 말 머리를 물속에 밀어 넣을 수도 있다. 하지만 그랬다가는 말이 익사할 뿐이다.

Q10. 나도 '왜?'에 맞춰 살고 싶지만 내가 최고의 모습이 되는 데 필요한 것들을 확보하지 못했어요.

부족한 부분이 유형적인 것인지, 무형적인 것인지 분명치 않으므로 양쪽 다 답해보겠다.

첫째, '왜?'에 맞춰 살기 위해서 무언가 유형적인 것이 필요하다는 뜻이라면 잘못된 생각이다. 우리가 원하는 대로 세상을 바꾸기 위해 특정한 직업이나 돈, 위치, 직책, 기술, 장비가 필수인 경우는 없다.

한 예로, 라이트 형제에게는 자신들보다 더 좋은 장비와 더 많은 자금을 가졌으며 교육도 더 많이 받은 라이벌이 있었다. 하지만 최초로 인간이 비행기를 타고 하늘을 날게 만든 것은 작은 자전거 가게에서 연구에 골몰한 라이트 형제였다. 열악한 환경에도 불구하고 그 누구도 해내지 못한 일들을 해낸 사람의 이야기는 수도 없이 많다. 그들은 자신의 '왜?'를 발견하고 그에 따라 투철하게 살았기에 결과를 낼 수 있었다.

하지만 만약 무형적인 어떤 것, 예컨대 어떤 정서적 요소나 인간관계가 충족되지 못하고 있다는 뜻이라면 답이 다르다. 종종 주변 사람들은 우리가 필요로 하는 게 뭔지 몰라서 우리에게 그걸 주지 못하고 있을 때가 있다! 만약 그런 경우라면 그들에게 나의 '왜?'를 적극적으로 공유하고, 내가 최고의 모습이 되기 위해 정서적으로 혹은 인간관계적으로 필요한 것이 무엇인지 알려야만 한다.

2. 기업의 경우

• • •

Q1. 일반적으로 사명감이 투철한 직업을 가진 사람들이 모인 업계는 '왜?' 발견 과정에서 공유할 수 있는 좋은 스토리를 더 많이 갖고 있지 않을까요?

의료계나 자선사업을 하는 조직은 더 많고 더 좋은 스토리를 갖고 있을 거라고 생각하는 사람들도 있다. 하지만 우리의 경험에 비춰보면 꼭 그렇지는 않다.

우리를 하나로 묶어주는 것은 우리 모두가 인간이라는 점이고, 당신이 끄집어내고 싶은 스토리도 인간다움에 대한 것이다. '왜?' 발견 과정에 참여하는 사람들이 자신의 일에 열정을 갖고 있다면 분명히 훌륭한 스토리들을 떠올리게 될 것이다.

Q2. 우리 제품이 우리의 '왜?'와 맞지 않으면 어떻게 하나요?

어느 제품이 잘 되지 않거나 어느 사업부가 회사에 맞지 않는 경우는 이제 쉽게 설명이 된다. 사람들은 이렇게 말할 것이다. "그 일이 잘 되지 않은 것은 당연해. 우리의 '왜?'와 맞지 않잖아." 혹은 "이번 인수 건이 왜 잘 안된지 알겠어. 우리랑 안 맞는 거야."라고.

회사의 신념과 일치하지 않는 제품이나 서비스를 판매하고 있다면 진정성을 가질 수 없을 것이다. 그렇다면 결국에는 직원이나 고객들도 알게 될 것이고 그 점을 느끼게 될 것이다.

그러나 회사의 '왜?'와 일치하지 않아서 제품이나 서비스를 완전히 바꾸는 것도 반드시 좋은 선택만은 아니다. 기업에서 추진하는 사업 전체가 그들의 '왜?'를 벗어나는 경우는 한 번도 본 적이 없다. 다만 '왜?'와 일치하지 않는 어느 제품을 단종시키거나 사업부를 분리 독립시키는 게 합리적일 때도 있다. 우리는 긍정적인 영향력이 가장 큰 곳에 에너지를 사용해야 하기 때문이다.

Q3. '돈을 버는 것'이 '왜?'가 될 수도 있나요?

본문에서도 말했듯, '돈을 버는 것'은 '왜?'가 될 수 없다.

존재 이유가 오로지 '돈을 버는 것'인 기업들도 분명히 있다. 하지만 그게 그들의 '왜?'는 아니다. 돈을 버는 행위 자체로는 더 높은 목적이 하나도 충족되지 않기 때문이다. 돈을 버는 것은 '결과'에 불과하다.

자신들의 '왜?'를 '결과'로 정의하는 기업은 일하기 좋은 곳이 아닐 때가 많다. 이윤으로 움직이는 회사는 '왜?'로 움직이는 회사에 비해 단기적으로는 더 나은 재무성과를 거둘지 몰라도 그 상태를 지속하기는 어렵다. 목적('왜?')을 아는 기업에게 있는 충성심이나 신뢰, 혁신 같은 것을 얻을 수 없기 때문이다.

한 예로 유통 기업 '코스트코Costco'는 사람을 우선시한다는 그들의 '왜?'를 충실히 따르고 있다. 그리고 그 효과도 톡톡히 누리고 있다. 코스트코는 자사의 '왜?'를 늘 명확히 해두기 때문에 일하기 더 좋은 곳임은 물론, 주요 경쟁자인 월마트 소유의 샘스클럽Sam's Club 보다 이윤도 더 많이 창출한다. 월마트는 설립자인 샘 월턴Sam Walton 이 세상을 떠난 후 기업의 '왜?'가 희미해졌고 경영진은 월마트가 최초에 가지고 있던 '왜?'보다는 이윤에 더 좌우되고 있다.

두 회사의 성공 정도는 뚜렷한 차이를 보인다. 만약 어느 투자자가 샘 월턴의 사망일에 샘스클럽의 모회사인 월마트의 주식을 샀다면 300퍼센트의 수익을 거두었을 것이다. 하지만 같은 날 코스트코의 주식을 샀다면 어떨까? 아마 800퍼센트 이상의 이익을 남기지 않았을까?

Q4. '왜?'라는 개념은 다소 추상적인 개념이고, 현실에서 비즈니스가 이루어지는 원리와는 다르다는 점을 인정해야 하지 않나요?

만약 '왜?'가 비즈니스 현실과는 동떨어진, 뜬구름 잡는 얘기처럼 들린다면 잠시만 귀를 기울여 보라.

'왜?'는 사업 현장의 핵심에 자리하고 있다. 우리의 의사결정을 움직이는 것은 감정이다. 때로 논리나 이성이 근거로 제시되기는 하지만 늘 그렇지는 않다. 주식시장의 지수가 하락하면 우리는 '시장의 정서가 의기소침하다'고 말한다. '정서'가 감정이 아니면 대체 뭐란 말인가?

주식과 채권 거래는 그것을 사는 사람이 미래에 대해 느끼는 감정에 좌우된다. 2015년, 몇몇 자동차 제조업체들이 차량의 배기가스 실험 결과를 조작했다가 발각되었다. 이 사건은 사람들이 해당 브랜드에 관해 오랫동안 갖고 있던 신뢰에 영향을 미쳤고 기업의 판매 및 시장 가치는 곤두박질쳤다. 당연한 논리적 귀결이었다.

반면에 테슬라는 생산에 들어가지도 않은 모델 3의 선주문을 50만 건 넘게 받았다. 사람들은 운전을 해보기는커녕 아직 앉아보지도 못한 테슬라를 앞다투어 주문했다. 앞의 사건만큼이나 논리적이지 않은 일이다.

Q5. 글로벌 대기업은 사업부도 많고 여러 국가에 제품 라인을 갖고 있습니다. 생산 부서와 지원부서의 '왜?'는 서로 달라야 하지 않나요?

하나의 기업은 하나의 '왜?'만을 갖고 있다. 만약 기업 내의 일부 사람들이 그 '왜?'로부터 소외감을 느낀다면 '왜?' 선언문이 아직 완전하지 않아서일 수도 있다.

'왜?' 선언문을 구성하는 단어들이 딱 맞지 않거나 아직도 '왜?' 선언문 속에 '무엇을'이 들어 있어서 일부 직원들이 배제된 것일 수도 있다. 만약 그런 경우라면 심사숙고하여 '왜?' 선언문을 다듬어야 한다.

아니면 지금이 기업의 '둥지의 왜?'(4장 참고)를 개발해야 할 때일 수도 있다. '왜?' 속에 있는 또 다른 '왜?'들을 탐구하다보면, 기업의 하위 그룹들은 자신들에게 더 강력한 울림을 주는 '왜?'를 스스로 찾게 될 수도 있다.

Q6. '왜?'를 고객에 맞춰 조정할 수도 있나요?

피터는 워크숍을 진행하다가 이런 얘기를 들었다. "저희는 모든 고객들의 '왜?'를 알아내서 우리의 '왜?'를 거기에 맞춰야 해요."

적신호였다.

'왜?'가 강력한 이유는 진정성을 갖고 있기 때문이다. 만약 고객들이 듣고 싶어 할 만한 말에 맞춰 '왜?'를 지어내고 있다면 당장 멈춰라. 그건 '조작'이다. 직원들도, 고객들도 결코 당신이 만든 그 '가짜 왜?'에 속아 넘어가지 않을 것이다. 함께 사업을 하는 사람들도, 일하는 사람들도 단절감을 느낄 것이다. (작게나마 존재했던)신뢰와 충성심도 줄어들 것이다.

이런 일이 벌어지면 회사는 종종 할인이나 연봉 인상 등 여러 가지 방법을 이용해 고객이나 직원들을 붙잡아두려고 한다. 이런 조치가

단기적으로는 효과가 있을 수도 있지만 장기적으로 성공을 거둘 가능성은 없다. [**]

[**] 더 많은 영감을 얻고 지원을 받고 싶다면 우리의 웹사이트(www.StartWithWhy.com)를 방문하기 바란다.

개인의 '왜?' 발견 파트너를 위한 팁

친구나 동료의 '왜?' 발견 과정에 파트너 역할을 맡기로 했다면 과정 운영에 대한 안내는 이 책의 3장을 참조하고, 이 부록은 '커닝 페이퍼'처럼 활용하면 된다. 훌륭한 파트너가 되기 위한 몇 가지 팁과 질문을 요약해서 이 장에 싣는다.

1. 파트너의 역할

파트너의 역할은 '능동적 청취자 및 메모자'이다.

'왜?' 발견 과정을 밟는 사람이 자신의 스토리를 이야기하는 동안 파트너는 반복되는 생각이나 단어, 문구, 테마 등을 메모한다. 결국에는 이것들이 귀중한 실마리가 되어, '왜?'를 찾고 있는 사람이 자연스러운 최고의 모습일 때 어떤 사람인지 규정하게 될 것이다.

한 가지 주의할 점은 워크숍을 진행하는 과정에서 파트너가 과도하게 개입하는 것이다. 파트너는 심리치료사가 아니다. 참석자가 정서적 표현을 하거나 감정의 변화를 표현할 때 해결책을 주려고 하지 마라. 같은 맥락에서 멘토나 조언자, 문제 해결자가 아니므로 질문에 대한 답을 적극적으로 청취하고 메모하는 데에 집중하라.

2. 능동적으로 청취하는 방법

눈을 맞춘다. 언어적, 비언어적으로 상대의 말에 귀 기울이고 있다는 제스처를 한다. 상대가 당시 일어난 일이나 그때 느낀 감정을 더 자세히 말할 수 있게 유도한다. 상대의 표정이나 보디랭귀지, 긴 침묵, 목소리나 감정 변화(흥분, 목이 메는 등)에 특히 유의한다.

가능하다면 이런 부분을 빠짐없이 메모한다.

3. 좋은 질문을 하는 3가지 방법

'왜?' 발견 과정은 50퍼센트 이상이 질문과 답으로 이루어져 있다.

묻고 답하는 과정에서 참석자는 자신의 본질을 들여다보는 기회를 갖게 되고, 그것은 고스란히 '왜?'로 연결된다. 그러나 대부분의 사람들은 질문을 던지는 데 익숙하지 않다. 특히 아주 개인적인 영역을 파고드는 질문을 할 때는 조심스럽기까지 하다.

하지만 너무 겁낼 것 없다. 다음 세 가지만 기억해도 당신은 좋은 파트너가 될 수 있다.

- **주관식으로 묻는다**: '예 또는 아니오'로 답할 수 있는 질문은 가급적 피한다. 주관식으로 질문하면 상대가 파트너를 리드하게 된다.

- **질문을 '왜'로 시작하지 마라**: '무슨'이나 '어떤'으로 시작하는 질문이 답하기 더 쉽다. '왜 그 이야기가 중요한가요?'라고 묻지 말고, '그 이야기의 어떤 부분이 당신에게 정말로 중요한가요?'라고 물어라.

- **조용히 앉아 있어라**: 질문을 했는데 상대가 끙끙댈 경우 다른 질문이나 답을 암시하는 말 등으로 그 침묵을 메우지 마라. 그냥 기다려라. 감정은 말로 똑똑히 표현하기 어렵기 때문에 딱 맞는 단어를 찾으려면 상대는 시간이 오래 걸릴 수도 있다.

4. 희망을 찾아라

상대는 슬프거나 끔찍한 이야기를 할 수도 있다. 하지만 그런 이야기도 상대가 어떤 사람이고 그의 '왜?'가 무엇인지에 대해 힌트를 제공할 수 있다.

외부인이라는 관점을 이용해 말하는 사람이 미처 보지 못한 교훈을 발견하라.

5. 메모 예시

이야기를 들으면서 메모하는 것이 중요하다는 점은 여러 번 언급했다. 메모를 할때 다음과 같이 좌우 면을 구분하여 적으면 좋다.

사실 관계	의미
• 2010년 아스펜에서 워크숍 진행 • 7년간 팀원 대부분의 채용을 책임짐 • 그녀는 모두를 잘 알지만 거기 참석하는 CEO는 아직 많은 팀원들이 만나보지 못함 • 어떻게 진행될지 확신하지 못함 • 참석자들이 불안감을 표현하는 말을 들음 • 모두가 화합할 수 있는 경험이 되기를 바랐음	• 통합 • 모두가 화합했다 • 모든 사람이 안전한 장소에 있다고 느끼는 게 그녀에게는 중요함 • 팀=가족이라고 느낌 • 기쁨(모두가 편안하게 느낌) • 팀원들에게 큰 책임감을 느낌 • 자연스럽게 관계가 맺어지는 것을 보게 되어 매우 기쁨 • 한 사람 한 사람을 진심으로 아끼기 때문에 중요

6. 감정에 초점을 맞춰라

스토리에서는 '무슨 일'이 있었느냐보다 그 일에 대해 어떻게 '느

졌느냐'가 더 중요하다. 사실에 대해 묻지 말고, 감정을 중심으로 질
문하라.

7. 더 깊이 파고드는 질문을 통해 감정을 밝혀라

효과적인 질문의 예시를 들면 아래와 같다.

- 그 일이 있었을 때 어떤 기분이 들었나요?
- 그 스토리에 관련된 다른 사람이 있나요? 그들이 당신에게 어떤
의미가 있었나요?
- 이 경험에서 당신이 정말로 좋아하는 부분이 뭔가요?
- 이런 감정은 아마 전에도 느껴봤을 거예요. 그런데도 이 스토리
가 특별한 이유는 뭔가요?
- 아직까지도 간직하고 있는, 이 경험에서 얻은 특별한 교훈은 무
엇인가요?
- '벅찼다'(스토리텔러가 얘기하는 일반적 진술)는 게 무슨 뜻인가요?
- 실망했다(혹은 슬펐다, 기뻤다, 의심스러웠다)고 하셨는데요, 전에도 실
망한 적은 있을 거예요. 그런데도 이렇게 긴 시간이 지나서까지 마
음에 남을 만큼 그때의 실망감이 어떤 점에서 특별했는지 설명해
주세요.
- 다른 이야기도 얼마든지 할 수 있었을 텐데 굳이 이 이야기를 꺼
내게 된, 이 이야기만의 특별한 점은 무엇인가요?

8. 이야기마다 상대의 '기여'와 '영향력'에 초점을 맞춰라

스토리를 들을 때마다 상대가 다른 사람에게 '무엇'을 주고 있고 어떤 '영향력'을 미치고 있는지 메모하라. 상대가 자발적으로 그런 정보를 주지 않으면 이런 정보를 끌어낼 수 있는 질문을 하라.

집단의 '왜?' 발견 진행자를 위한 팁

단체나 회사, 팀을 위해 집단의 '왜?' 발견 과정 진행자를 맡기로 했다면, 이 책의 4장과 5장 내용을 통해 과정 운영을 참조하자. 이 부록에는 당신이 더욱 훌륭한 진행자로 거듭날 수 있도록 몇 가지 팁과 질문을 담았다.

1. 비밀을 유지하라

워크숍에서 나누게 될 대화의 성격이나 세부 사항에 관해 미리 알리지 마라. 앞으로 어떤 논의를 하게 될지 참석자들이 미리 알아버리면 내용에 대해 지나치게 많은 생각을 가질 우려가 있다.

2. '스토리 욕심쟁이'에게는 단호히 대처하라

집단의 '왜?' 발견 과정에서는 팀 내의 모든 사람이 자신의 스토리를 공유할 기회를 갖는 게 중요하다. 대화를 잘 주시하고 있다가 일부 참가자(고위 임원들이 그런 경우가 많다)가 대화를 지나치게 독점한다 싶으면, 끼어들어서 아직 스토리를 이야기하지 않은 사람들의 참여를 부드럽게 독려하라.

3. 스토리를 이야기하면서 팀원이 감정을 드러낸다면 더 깊이 파고들어라

해당 팀원이 자신의 감정을 더 자세히 이야기하도록 하고, 그 이야기의 특히 어떤 부분이 그런 강한 반응을 촉발했는지 물어라.

직설적으로 이렇게 물어라. "그 고객과의 전화 통화에서 어떤 부분 때문에 이렇게 긴 시간이 흘렀는데도 아직까지 그 일을 기억하고 있나요?"

4. 질문을 '왜'로 시작하지 마라

언뜻 이해가 가지 않을 수도 있지만, '어떤, 무슨' 혹은 '어떻게'로 시작하는 질문이 더 답하기 쉽다.

"왜 그때 기쁨을 느끼셨나요?"가 아니라 "그 일의 어떤 부분으로 인해 당신의 팀이 기쁨을 느꼈나요?"라고 물어라.

5. 논의를 가로막는 '단어 뜻 논쟁'은 피하도록 하라

예컨대 "'기쁨'이 정말 최선의 단어일까요? 제 생각에는 '행복'이라고 해야 할 것 같은데요." 같은 '단어 뜻 논쟁'의 블랙홀에 빠지지 마라. 참석자들에게 여기서는 단어의 사전적 의미보다는 스토리가 촉발하는 일반적 감정이 더 중요하다는 사실을 일깨워줘라.

6. 참석자들이 회사가 '무슨 일'을 하는지가 아니라 '어떻게' 일하는지에 집중하게 만들어라

때로는 참석자들이 경쟁사도 똑같은 일을 하고 있다고 말할 수도 있다. 그럴 때는 참석자들을 다시 스토리로 이끌어라. 경쟁사와 그들의 차이는 '무엇을'이 아니라 '어떻게'에 있다는 점을 알려줘라.

7. 충분한 시간을 확보하라

집단의 '왜?' 발견 과정에는 최소한 4시간 이상이 소요된다. 워크숍 기획자가 이보다 더 짧은 시간에 끝내달라고 한다면 저항하라. 최소 4시간을 온전히 확보하는 것이 매우 중요하다.

8. 딱 맞는 환경을 마련하라

워크숍을 실시할 장소는 아래와 같은 요건을 갖추어야 한다.

- 참석자들을 소그룹으로 나눌 수 있을 만큼 넓은 장소
- 다과 테이블 준비
- 조용하고 격리된 공간: 예컨대 직원들이 수시로 오가는 복사실 등은 안 된다.
- 테이블은 미리 벽 쪽으로 옮겨두고 의자를 반원 모양으로 배치
- 소그룹별 플립차트 및 이젤, 진행자가 사용할 3개의 플립차트 및 이젤을 준비

집단의 '왜?' 발견 워크숍 과정 요약

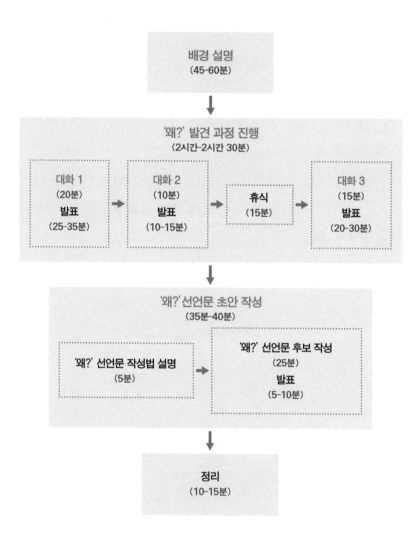

배경 설명
(45-60분)

'왜?' 발견 과정 진행
(2시간-2시간 30분)

대화 1
(20분)
발표
(25-35분)

대화 2
(10분)
발표
(10-15분)

휴식
(15분)

대화 3
(15분)
발표
(20-30분)

'왜?' 선언문 초안 작성
(35분-40분)

'왜?' 선언문 작성법 설명
(5분)

'왜?' 선언문 후보 작성
(25분)
발표
(5-10분)

정리
(10-15분)

"Everyone has a Why"

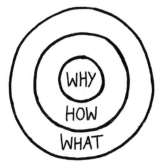

나는 왜 이 일을 하는가 2

1판 1쇄 발행   2018년 5월 24일
1판 15쇄 발행   2023년 11월 20일

지은이   사이먼 사이넥, 데이비드 미드, 피터 도커
옮긴이   이지연
펴낸이   유성권

편집장   양선우
편집   윤경선
해외저작권   정지현   홍보   윤소담 박채원
마케팅   김선우 강성 최성환 박혜민 심예찬 김현지
제작   장재균   물류   김성훈 강동훈

펴낸곳   ㈜ 이퍼블릭
출판등록   1970년 7월 28일, 제1 - 170호
주소   서울시 양천구 목동서로 211 범문빌딩 (07995)
대표전화   02-2653-5131 | 팩스 02-2653-2455
메일   milestone@epublic.co.kr
포스트   post.naver.com/epublicmilestone

마일스톤 은 (주)이퍼블릭의 경제경영/자기계발 브랜드입니다.